스무살_의

채근담

스무살의
채근담

홍지성 지음 | 정석태 옮김

부글
books

"스무 살은 스무 살이다"

'스무 살은 스무 살이다.' 어쩌면 스무 살은 '대상은 곧 그 자체'라는 동일률同一律의 법칙으로 말할 수밖에 없는 시절인지 모른다. 청소년도 아니고, 완전한 어른도 아닌, 스무 살의 시절은 그 존재 자체의 불확실한 신분이 새로운 삶과 미래에의 가능성을 강력히 예감하게 하는 그런 '변화의 시간'인 것이다. 이때의 변화는 정신의 성숙을 의미한다.

그러므로 당신이 스무 살이 되었다면, 스무 살에 관한 불쾌한 신조어들을 마땅히 의심하고 저항의 역능力能으로서 새로운 이름 짓기를 스스로 모색하려는 이른바 '나의 문화정책'을 마련해야 한다. 스무 살에 관한 세상의 수많은 작명作名들, 예컨대 88만원 세대, 프리캐리아트(Precariats, 불안정계급), 넷카페 난민, 청년백수 따위와 같은 말들이 기성세대의 권력 작용은 아닌지 응당 의심하고 또 의심해 볼 필요가 있는 것이다. 그리고 자신의 영혼과 자문자답의 대화 형식으로 내면의 불꽃놀이를 마음껏 향유하면서 더 나은 나의 삶과 더 좋은 세상을 위한 사유와 상상력을 심화하고 확장할 필요가 있을 터이다.

이 《스무 살의…》 시리즈는 스무 살에 온몸으로 익히고 배워야 하는 나와 너 그리고 우리들에 관한 사유와 상상력을 자극하는 인문교양서를 재출간하는 문화기획이다. 『채근담』, 『명상록』, 『탈무드』, 『성경』, 『논어』와 같은 고전들은 사고방기思考放棄의 징표가 유례없이 눈앞의 현실이 되어가고 있는 이 시대에 무용지용無用之用(쓸모없는 것의 쓸모)의 패러독스를 스스로 증명하는 소중한 텍스트가 될 것이다. 그러나 스무 살의 당신은 이 '위대한 고전'이라는 말이 주는 권위에 미리부터 주눅들 필요는 전혀 없다. 권위(authority)라는 말은 '스스로 창조해낸다'는 말이 아니던가. 스무 살 당신은 텍스트의 권위를 의심하고 부정하면서 내 안의 또 다른 내면의 교사의 말에 귀를 기울이고 공감의 대화를 나눈다면, 어느 순간 훌쩍 달라진 '다른 나'를 발견하는 사건을 직접 만나게 될 것이다.

이 《스무 살의…》 시리즈를 관통하는 주제는 고독과 우정 등 인문人文적 가치로 집약될 수 있다. 고독과 우정 등은 수기치인修己治人의 가치를 현대적으로 풀이한 해석이라고 할 수 있다. 하류사회 혹은 격차사회를 운운하는 지금 이곳에서 고독과 우정 등의 가치란 한없이 무력해 보이는 것 또한 부인할 수 없다. 그러나 나와 우리의 내면과, 일상과, 시스템의 변화를 추동하는 가장 실존적이고, 가장 근원적인 변화의 동력이 고독과 우정이라는 점 또한 감히 쉽게 부정할 수 없을 것이라고 믿는다. '나는 누구인가?'라는 질문은

'나는 남에게 누구인가?' 라는 질문과 서로 만나지 않는다면, 그 질문은 에고이즘(egoism, 이기주의)에 빠지게 된다. 또, '나는 누구인가?' 라는 질문이 생략된 이른바 타자의 철학이란 스노비즘(snobbism, 속물주의)의 유혹에 언제든지 허물어질 수 있는 자기기만이 될 수 있는 것이다. 이 둘의 질문이 서로 만날 때, 스무 살 당신은 나의 행복을 추구하는 일이 바로 공적 행복을 추구하는 일이 될 수 있음을 알게 될 것이다.

쉬운 것, 빠른 것, 단순한 것이 적극 권장되는 시절이다. 그러나 인간의 문화와 문명의 역사를 보면 많은 경우 어려운 것, 느린 것, 깊이 있는 것이 인간 사회의 놀라운 문화적 업적들을 만들어냈음을 확인할 수 있다. 스무 살 당신은 지금 당장 답을 모르더라도 '문제를 아는 것'이 매우 소중하다는 점을 이《스무 살의…》 시리즈에서 음미해 보았으면 한다. 문제를 아는 것은 결국 스스로 자신의 앎知에 대한 신념을 단단히 다지고 또 다지는 사유 행위가 된다. 우리는 그런 자기화 과정을 거쳐 생성된 지식과 언어를 일러 '지혜'라고 부르지 않던가. 지혜의 말은 남의 생각을 억압하지 않으며, 자신의 삶과 인생을 하나의 '작품'으로 만드는 과정적 행위라고 할 수 있다. 이《스무 살의…》 시리즈가 온전한 삶으로의 여행을 떠나려는 스무 살 독자들에게 마음의 작은 지도가 되기를 바란다. 만릿길 나서는 스무 살 당신을 위해 시 한 편을 바친다. '아니오'의 아름다움을 위하여!

온 세상의 찬성보다도
'아니' 하고 가만히 머리 흔들 그 한 얼굴 생각에
알뜰한 유혹을 물리치게 되는
그 사람을 그대는 가졌는가

―함석헌 시, '그 사람을 가졌는가' 부분

고영직
(문학평론가)

차례

1편
덕이 높은 사람은 평범하다

茱根譚

菜
根
譚

──

도덕을 지키며 사는 사람은 한때만 적막하지만,
권세에 의지하고 아부하는 사람은 영원히 처량하다.
달관한 사람은 변화하는 사물 밖에
언제나 변함없이 존재하는 이치를 보고
사람의 몸이 죽은 뒤에도 남게 되는 이름을 생각한다.
그러므로 차라리 한때의 적막을 겪을지언정
영원한 처량함을 취하지 말라.

棲守道德者, 寂寞一時,
依阿權勢者, 凄凉萬古.
達人, 觀物外之物, 思身後之身.
寧受一時之寂寞, 毋取萬古之凄凉.

세상을 겪은 것이 얕으면 얕을수록
물든 것 또한 얕고,
세상을 겪은 것이 깊으면 깊을수록
교활함 또한 깊다.
그러므로 군자는 질박할지언정
능란하지는 않으며,
소탈할지언정
치밀하지는 않는다.

涉世淺, 點染亦淺,
歷事深, 機械亦深.
故君子, 與其練達, 不若朴魯, 與其曲謹, 不若疎狂.

菜
根
譚

――

군자의 마음은

맑게 갠 하늘처럼 환하게 드러나게 해서

어느 누구도 모르는 사람이 없게 해야 한다.

그러나 그 재주는

깊이 숨겨진 옥과 진주처럼 잘 갈무리해서

남들이 쉽게 알 수 없도록 해야 한다.

君子之心事, 天青日白, 不可使人不知.

君子之才華, 玉韞珠藏, 不可使人易知.

菜
根
譚

一

세상의 화려한 권세와 이익을
가까이 하지 않는 사람을 깨끗하다고 하지만,
가까이 하면서도 물들지 않는 사람을 더욱 깨끗하다고 한다.
남을 속이는 교활한 꾀와 잔재주를
모르는 사람을 높다고 하지만,
알면서도 쓰지 않는 사람을 더욱 높다고 한다.

勢利紛華, 不近者爲潔,
近之而不染者, 爲尤潔.
智械機巧, 不知者爲高,
知之而不用者, 爲尤高.

菜根譚

귀로는 항상 거슬리는 말을 듣고,
마음으로는 항상 어긋나는 일을 새기면
그것이야말로 바로 덕행을 닦아서 빛내는 숫돌이 될 것이다.
만약 듣는 말마다 귀에 즐겁고,
하는 일마다 마음에 흡족하면,
이것이야말로 바로 제 목숨을 독물 속에 빠뜨리는 것이다.

耳中, 常聞逆耳之言, 心中, 常有拂心之事,
纔是進德修行的砥石.
若言言悅耳, 事事快心, 便把此生, 埋在鴆毒中矣.

菜
根
譚

사나운 바람과 성난 비에는 새들도 근심하고,
갠 날씨와 맑은 바람에는 초목도 기뻐한다.
이렇듯 천지에는
하루도 온화한 기운이 없어서는 안 되고,
사람의 마음에는
하루도 기쁨이 없어서는 안 됨을 알 수 있을 것이다.

疾風怒雨, 禽鳥戚戚, 霽日光風, 草木欣欣.
可見天地, 不可一日無和氣, 人心, 不可一日無喜神.

菜
根
譚

잘 익거나 기름지거나 매콤하거나 달콤한 것은
참으로 맛난 것이 아니다.
참으로 맛난 것은 오직 담백할 뿐이다.
신비하거나 기이하거나 우뚝하거나 색다른 사람은
지인至人(더없이 덕이 높은 사람)이 아니다.
지인은 오직 평범할 뿐이다.

醲肥辛甘, 非眞味, 眞味只是淡.
神奇卓異, 非至人, 至人只是常.

천지는 고요하여 움직이지 않지만
그 활동은 잠시도 쉬지 않는다.
해와 달은 밤낮으로 바삐 달리지만
그 밝은 빛은 영원히 바뀌지 않는다.
그러므로 군자는 한가로운 때에도
다급함에 대비하는 마음가짐이 필요하고,
바쁜 경우에도 느긋한 태도가 필요하다.

天地, 寂然不動, 而氣機, 無息少停,
日月, 晝夜奔馳而貞明, 萬古不易.
故君子閒時, 要有喫緊的心思, 忙處, 要有悠閒的趣味.

菜
根
譚

예로부터 재앙은 총애 속에서 자란다.
그러므로 마음에 흡족한 때에는
모름지기 빨리 머리를 돌려서 떠나라.
실패한 뒤에도 혹 일이 이루어지는 수가 있다.
그러므로 뜻대로 되지 않는 경우에도
바로 손을 놓아서는 안 된다.

恩裡, 由來生害, 故快意時, 須早回頭.
敗後, 或反成功, 故拂心處, 莫便放手.

菜
根
譚

──

된장국에 나물 반찬을 먹는 이들 중에는
얼음같이 맑고 옥처럼 깨끗한 사람이 많지만,
비단옷에 흰쌀밥을 먹는 이들 중에는
종노릇을 달갑게 여기는 사람이 많다.
뜻은 담박함으로써 밝아지고,
절개는 기름지고 달콤한 것을 좇느라 잃게 된다.

藜口莧腸者, 多氷淸玉潔,
袞衣玉食者, 甘婢膝奴顔,
蓋志以澹泊明, 而節從肥甘喪也.

菜
根
譚

—

살아 있을 때는
마음을 활짝 열어 너그럽게 해서
사람들로 하여금 불평하는 말이 없게 하고,
죽은 뒤에는
혜택이 길이 이어지게 해서
사람들로 하여금 부족하다는 생각이 들지 않게 하라.

面前的心地, 要放得寬, 使人無不平之歎,
身後的惠澤, 要流得久, 使人有不櫃之思.

菜根譚

오솔길 좁은 곳에서는
한 걸음 멈추어서 남이 먼저 지나가게 하고,
기름지고 맛난 음식은
그중 일부를 덜어내어 남에게 맛보게 하라.
이것이 세상을 가장 편안하게 살아가는 방법 중 하나일 것이다.

徑路窄處, 留一步, 與人行,
滋味濃的, 減三分, 讓人嗜.
此是涉世, 一極安樂法.

菜
根
譚

一

사람이 되어

아주 높고도 원대한 일을 해내지 못할지라도

속된 마음에서 벗어날 수만 있다면

이내 명사의 반열에 들 것이요,

학문을 닦아

아주 특출한 업적을 이루지 못할지라도

물욕을 덜어버릴 수만 있다면

이내 성인의 경지를 넘어설 것이다.

作人, 無甚高遠事業, 擺脫得俗情, 便入名流.
爲學, 無甚增益工夫, 減除得物累, 便超聖境.

菜根譚

벗을 사귐에는 모름지기
어느정도 의협심을 가져야 하고,
사람이 되어서는 마땅히
한 점 순수한 마음을 지녀야 한다.

交友, 須帶三分俠氣,
作人, 要存一點素心.

은총과 이익을 다투는 곳에서는
남의 앞에 서지 말고,
덕행과 사업을 행하는 자리에서는
남의 뒤에 서지 말라.
남에게서 받아 누릴 때는
분수 밖의 것을 바라지 말고,
자신을 닦아서 행할 때는 분수 안으로 한계를 긋지 말라.

寵利, 毋居人前,
德業, 毋落人後,
受享, 毋踰分外,
修爲, 毋減分中.

菜根譚

一

세상을 살아가는 데는 한 걸음 양보하는 것을 높이 여기니,
한 걸음 물러나는 것은 곧
한 걸음 나아가는 터전이 된다.
사람을 대함에는 조금 너그럽게 하는 것이 복이 되니,
남을 이롭게 하는 것은 사실
자기를 이롭게 하는 바탕이 된다.

處世, 讓一步, 爲高, 退步, 卽進步的張本.
待人, 寬一分, 是福, 利人, 實利己的根基.

菜
根
譚

홀륭한 명예와 아름다운 절개는
제 혼자서만 독차지해서는 안 된다.
조금은 떼어서 남에게 주어야
재앙을 멀리하고 몸을 보전할 수 있다.
치욕과 불명예는 남에게만 다 미루어서는 안 된다.
조금은 끌어다 내게로 돌려야
재주를 잘 갈무리하고 덕성을 기를 수 있다.

完名美節, 不宜獨任, 分些與人, 可以遠害全身.
辱行汚名, 不宜全推, 引些歸己, 可以韜光養德.

菜根譚

일마다 조금의 여유를 두어 다하지 않는 뜻을 남겨 둔다면,
조물주도 나를 꺼려하지 못할 것이고,
귀신도 나를 해치지 못할 것이다.
만약 일마다 반드시 완전하기를 바라고,
공功마다 반드시 가득차기를 바라는 사람은
안으로부터 변고變故가 생기지 않는다면,
반드시 밖에서 근심을 불러들이게 될 것이다.

事事, 留個有餘不盡的意思, 便造物, 不能忌我, 鬼神, 不能損我.
若業必求滿, 功必求盈者, 不生內變, 必召外憂.

菜根譚

남의 나쁜 점 꾸짖기를 너무 엄하게 하지 말라.
그 말을 받아낼 수 있는가 생각해보아야 한다.
남을 가르침에 좋은 예 들기를
너무 높은 것으로 하지 말라.
그 사람이 듣고 행할 수 있도록 해야 한다.

攻人之惡, 毋大嚴. 要思其堪受.
教人以善, 毋過高. 當使其可從.

菜
根
譚

굼벵이는 지극히 더럽지만
변해서 매미가 되어 가을바람에 이슬을 마시고,
썩은 풀은 빛이 없지만
변해서 반딧불이 되어 여름 달밤에 빛을 낸다.
이렇듯 깨끗한 것은 언제나 더러운 것에서 나오고,
밝음은 언제나 어둠에서 생겨나는 것임을 잘 알 수 있다.

糞蟲至穢, 變爲蟬, 而飮露於秋風,
腐草無光, 化爲螢, 而耀采於夏月.
固知潔常自汚出, 明每從晦生也.

菜
根
譚

———

뽐내고 건방진 것은 객기客氣 아닌 것이 없으니,
객기를 굴복시킨 뒤에야 정기正氣가 피어날 것이다.
정욕과 분별은 다 망심妄心(망령되어 분별하는 마음)이니,
망심을 없앤 뒤에야 진심眞心이 나타날 것이다.

矜高倨傲, 無非客氣. 降伏得客氣下, 而後正氣伸.
情欲意識, 盡屬妄心. 消殺得妄心盡, 而後眞心現.

菜根譚

배부른 뒤에 음식을 생각하면
맛이 있고 없음의 구별이 모두 사라지고,
관계한 뒤에 성性을 생각하면
남녀의 좋고 나쁨이 모두 끊어진다.
그러므로 사람은 항상 일이 끝난 뒤에 느낄 후회와 깨우침으로
일에 임할 때의 어리석음과 미혹(무엇에 홀려 정신을 차리지 못함)을 깨
트리면,
본성이 바로잡히고 움직임이 그릇되지 않을 것이다.

飽後思味, 則濃淡之境都消. 色後思淫, 則男女之見盡絶.
故人常以事後之悔悟, 破臨事之癡迷, 則性定而動無不正.

菜
根
譚

———

세상을 살아가는 데 반드시 공功만을 구하지 말라.
허물없이 살 수 있다면 그것이 바로 공이다.
남에게 베푸는 데 그 덕에 감동하기를 바라지 말라.
원망을 듣지 않는다면 그것이 바로 덕이다.

處世, 不必邀功. 無過便是功.
與人, 不求感德. 無怨便是德.

菜根譚

근심과 부지런함은 미덕이지만
너무 고달프면 본연의 성정을 즐겁게 할 수 없다.
담박함은 고풍高風(고상하고 뛰어난 품격)이지만
너무 메마르면 사람을 구제하고 사물을 이롭게 할 수 없다.

憂勤是美德, 太苦則無以適性怡情.
澹泊是高風, 太枯則無以濟人利物.

菜根譚

일이 막히고 세력이 위축된 사람은
마땅히 그 처음 먹었던 마음을 돌이켜 보아야 하고,
공을 다 이루고 일을 뜻대로 해낸 사람은
마땅히 그 끝 가는 길을 살펴야 할 것이다.

事窮勢蹙之人, 當原其初心.
功成行滿之士, 要觀其末路.

菜
根
譚

──

부귀한 집은 마땅히 너그럽고 후해야 하거늘

도리어 꺼리고 각박하면,

이것은 부귀하면서도 가난하고 천하게 행동하는 것이니,

어찌 그 복을 누릴 수 있겠는가.

총명한 사람은 마땅히 그 재주를 거두어 감춰야 하거늘

도리어 드러내 자랑한다면,

이것은 총명하면서도 어리석고 어두운 병폐에 빠져 있으니,

어찌 실패하지 않겠는가.

富貴家, 宜寬厚, 而反忌刻.

是富貴而貧賤其行矣, 如何能享?

聰明人, 宜斂藏, 而反炫耀.

是聰明而愚懵其病矣, 如何不敗?

菜根譚

낮은 곳에 있어보아야
높은 데 오르기가 위험한 줄 알 것이며,
어두운 데 있어보아야
밝은 곳을 향함이 눈부신 줄 알 것이며,
고요함을 지켜보아야
움직이길 좋아함이 지나치게 수고로운 줄 알 것이며,
말 없음을 닦아보아야
말 많음이 시끄러운 줄 알 것이다.

居卑而後知登高之爲危.
處晦而後知向明之太露.
守靜而後知好動之過勞.
養默而後知多言之爲躁.

菜根譚

부귀공명을 구하려는 마음을 다 놓아 버려야만
비로소 속인의 수준에서 벗어날 수 있고,
도덕을 지키려는 마음을 다 털어 버려야만
비로소 성인의 경지에 들 수 있을 것이다.

放得功名富貴之心下, 便可脫凡.
放得道德仁義之心下, 纔可入聖.

菜
根
譚

一

이욕利欲이라 하여 모두 다 마음을 해치는 것은 아니다.
아집과 독단이 바로 마음을 해치는 도적이다.
여색女色이 반드시 도를 가로막는 것은 아니다.
총명이 바로 도를 가로막는 장벽이 된다.

利欲未盡害心. 意見乃害心之蟊賊.
聲色未必障道. 聰明乃障道之藩屏.

인정은 변하기 쉽고 세상길은 기구하다.
쉽게 갈 수 없는 곳에서는
모름지기 한 걸음 뒤로 물러서는 법을 알아야 하고,
쉽게 갈 수 있는 곳에서는
힘써 일부의 공을 사양하도록 하라.

人情反復, 世路崎嶇.
行不去處, 須知退一步之法.
行得去處, 務加讓三分之功.

2편
가장 참된 즐거움은 명성도 없고
지위도 없는 즐거움이다

菜根譚

菜
根
譚

차라리 질박함을 지키고 영리함을 물리쳐
얼마간의 정기를 남겨 이 천지에 돌려주도록 하라.
차라리 화려함을 사양하고 담백함을 달게 여겨
깨끗한 이름을 이 세상에 남기도록 하라.

寧守渾噩, 而黜聰明, 留些正氣還天地.
寧謝紛華, 而甘澹泊, 遺個淸名在乾坤.

菜
根
譚

———

욕정에 관한 일은 쉽게 즐길 수 있다 할지라도
조금이라도 손끝에 물들이지 말라.
일단 물들이게 되면
이내 만 길이나 깊이 빠지게 되리라.
도리에 관한 일은
그 어려움을 꺼려해서 조금이라도 물러서지 말라.
일단 물러서게 되면
문득 첩첩 산이 가로막힌 듯 멀어지게 되리라.

欲路上事, 毋樂其便而姑爲染指.
一染指, 便深入萬仞.
理路上事, 毋憚其難而稍爲退步.
一退步, 便遠隔千山.

茶根譚

마음에 정이 많은 사람은
자기에게도 후하게 하고 남에게도 역시 후하게 해서
대하는 것마다 모두 인정스럽게 하고,
마음이 담백한 사람은
자기에게도 박하게 하고 남에게도 역시 박하게 해서
하는 일마다 모두 담담하게 한다.
그러므로 군자는
일상의 기호를 너무 진하게 해서도 안 될 뿐 아니라
너무 메마르게 해서도 안 된다.

念頭濃者, 自待厚, 待人亦厚, 處處皆濃.
念頭淡者, 自待薄, 待人亦薄, 事事皆淡.
故君子居常嗜好, 不可太濃艶, 亦不宜太枯寂.

菜
根
譚

———

몸을 세움에 한 걸음 더 높이 서지 않으면,
먼지 속에서 옷을 털고
진흙탕 속에서 발을 씻는 것과 같으니,
어찌 초탈할 수 있겠는가.
세상을 살아감에 한 걸음 물러서지 않으면,
나방이 촛불에 날아들고,
숫양이 울타리에 뿔이 걸리는 것과 같으니,
어찌 편안할 수 있겠는가.

立身, 不高一步立, 如塵裡振衣泥中濯足, 如何超達?
處世, 不退一步處, 如飛蛾投燭羝羊觸藩, 如何安樂?

배우는 사람은 정신을 가다듬어 한 곳으로 모아야 한다.

만약 덕을 닦으면서

일의 성공이나 이름 드러내는 것에만 마음을 쓴다면

결코 참된 경지에는 이르지 못할 것이고,

책을 읽으면서 읊조리거나 놀이 하는 데만 흥미를 붙인다면

결코 깊은 곳에는 이르지 못할 것이다.

學者要收拾精神, 倂歸一路.

如修德而留意於事功名譽, 必無實詣.

讀書而寄興於吟詠風雅, 定不深心.

菜根譚

도덕을 닦아나감에는 목석같은 마음을 지녀야 한다.
만약 한번 부러워하는 마음을 일으키면
문득 욕망의 세계로 내달리게 될 것이다.
세상을 구제하고 나라를 다스림에는
떠가는 구름과 흐르는 물과 같은 태도를 지녀야 한다.
만약 한번 집착하는 마음을 가지게 되면
문득 위험한 처지에 떨어지게 될 것이다.

進德修道, 要個木石的念頭.
若一有欣羨, 便趨欲境.
濟世經邦, 要段雲水的趣味.
若一有貪著, 便墮危機.

菜根譚

—

착한 사람은 일상의 행동이 차분하고 자상함은 말할 것도 없거니와,
잠잘 때의 정신까지도
온화하지 않음이 없다.
악한 사람은 하는 일이 사납고 어그러짐은 말할 것도 없거니와,
목소리에서부터 웃으며 하는 말에 이르기까지
모두 살기를 띠고 있다.

吉人無論作用安詳, 卽夢寐神魂, 無非和氣.
凶人無論行事狼戾, 卽聲音笑語, 渾是殺機.

菜根譚

간이 병들면 눈이 보이지 않게 되고,
신장이 병들면 귀가 들리지 않게 된다.
이처럼 병은 사람들이 못 보는 곳에 생겨도
반드시 사람들이 모두 다 볼 수 있는 곳에 나타난다.
그러므로 군자는
사람들이 밝게 보는 곳에서 죄를 얻지 않으려면,
먼저 사람들이 안 보는 어두운 곳에서
죄를 짓지 말아야 할 것이다.

肝受病, 卽目不能視. 腎受病, 卽耳不能聽.
病受於人所不見, 必發於人所共見.
故君子欲無得罪於昭昭, 先無得罪於冥冥.

菜根譚

복 중에는 일이 적은 것보다 더 큰 복이 없고,
재앙 중에는 마음 쓸 일이 많은 것보다 더 큰 재앙이 없다.
오직 일에 시달려 본 사람이라야
바야흐로 일이 적은 것이 복됨을 알고,
오직 마음이 평안한 사람이라야
비로소 마음 쓸 일이 많은 것이 화가 됨을 알 것이다.

福莫福於少事, 禍莫禍於多心.
唯苦事者, 方知少事之爲福.
唯平心者, 始知多心之爲禍.

菜
根
譚

내가 남에게 베푼 공덕을 마음에 새겨 두지 말고,
내가 남에게 잘못한 것은 마음에 새겨 두어라.
남이 나에게 베푼 은혜는 잊지 말고,
남이 나에게 끼친 원망은 잊어버려라.

我有功於人, 不可念, 而過則不可不念.
人有恩於我, 不可忘, 而怨則不可不忘.

茶根譚

은혜를 베푸는 사람이
안으로 자기 자신에게도 드러내지 않고
밖으로 남에게도 드러내지 않으면,
한 말의 좁쌀이라도
가히 수만석의 곡식을 베푼 것에 해당될 것이다.
남에게 이익을 베푸는 사람은
자기가 베푼 것을 계산하고 남에게 보답을 재촉하면,
비록 천금의 큰 돈 일지라도
한 푼의 공을 이루기도 어려울 것이다.

施恩者, 內不見己, 外不見人, 則斗粟可當萬鍾之惠.
利物者, 計己之施, 責人之報, 雖百鎰難成一文之功.

菜根譚

사람들의 경우를 보면
갖춘 이도 있고, 못 갖춘 이도 있는데
어찌 나 혼자만 모두 갖추려 하겠는가.
자기의 마음을 보면
도리에 맞는 것도 있고, 도리에 맞지 않는 것도 있는데
어찌 남들이 다 도리에 맞기를 바라겠는가.
이처럼 자기와 남을 견주어 가면서 나를 다스린다면,
이 또한 하나의 좋은 방법이 될 것이다.

人之際遇, 有齊有不齊, 而能使己獨齊乎?
己之情理, 有順有不順, 而能使人皆順乎?
以此相觀對治, 亦是一方便法門.

茶根譚

마음 바탕이 깨끗하여야
비로소 책을 읽고 옛것을 배울 수 있다.
그렇지 않으면 책을 읽다가 한 가지 착한 행실을 보면
훔쳐다가 자기 욕심을 채우는 데 쓰고,
한 가지 착한 말을 들으면
빌려다가 자기의 단점을 가리는 데 쓸 것이다.
이 어찌 적에게 무기를 빌려주고
도둑에게 양식을 대주는 것이 아니겠는가.

心地乾淨, 方可讀書學古.
不然, 見一善行, 竊以濟私, 聞一善言, 假以覆短.
是又藉寇兵而齎盜糧矣.

菜根譚

사치스러운 사람은 부유해도 만족하지 못한다.
이 어찌 검소한 사람이 가난하면서도
넉넉해 하는 것만 하겠는가.
능력 있는 사람은 애쓰고도 원망을 산다.
이 어찌 서투른 사람이 편안하면서도
타고난 그대로의 모습을 지키는 것만 하겠는가.

奢者, 富而不足. 何如儉者, 貧而有餘?
能者, 勞而府怨. 何如拙者, 逸而全眞?

菜根譚

책을 읽어도 성현聖賢을 보지 못하면
글이나 베껴 주는 사람이 될 것이며,
벼슬자리에 있으면서도 백성을 자식 같이 사랑하지 않으면
관(관리들의 머리쓰개)을 쓴 도둑이 될 것이며,
학문을 강론하면서도 몸소 실천하지 않으면
구두선口頭禪(실행이 따르지 않는 공허한 말)이 될 것이며,
큰 공을 세우고도 덕을 심을 생각을 하지 않으면
눈앞에 피었다 지는 꽃이 될 것이다.

讀書, 不見聖賢, 爲鉛槧傭.
居官, 不愛子民, 爲衣冠盜.
講學, 不尙躬行, 爲口頭禪.
立業, 不思種德, 爲眼前花.

菜根譚

도덕으로부터 온 부귀와 명예는
숲속의 꽃과 같아서 저절로 쑥쑥 자라나 무성하고,
공적功積으로부터 온 부귀와 명예는
화분이나 화단 속의 꽃과 같아서
문득 옮겨지기도 하고 뽑히거나 피어나기도 한다.
만약 권력으로 얻은 것이라면
꽃병 속의 꽃과 같아서 뿌리가 없으니,
그 마르는 것을 가히 서서 기다릴 수 있을 것이다.

富貴名譽, 自道德來者, 如山林中花, 自是舒徐繁衍.
自功業來者, 如盆檻中花, 便有遷徙廢興.
若以權力得者, 如瓶鉢中花, 其根不植, 其萎可立而待矣.

菜根譚

봄이 와서 시절이 화창하면
꽃은 한결 더 아름답게 피어나고,
새도 또한 몇 마디 고운 소리를 지저귄다.
선비가 다행히 세상에 두각을 나타내어
따뜻하고 배부르게 살면서도
좋은 말을 세우고 좋은 일을 할 생각이 없다면,
비록 백 년을 살지라도
하루도 살지 않은 것과 같을 것이다.

春至時和, 花尙鋪一段好色, 鳥且囀幾句好音.
士君子, 幸列頭角, 復遇溫飽, 不思立好言行好事,
雖是在世百年, 恰似未生一日.

菜根譚

도를 배우는 사람은

일단 조심하는 마음가짐을 가져야 하지만,

또한 시원스러운 태도를 가지고 살아야 한다.

만약 오로지 단속을 해서 맑고 깨끗하기만 하다면,

이는 소슬한 가을 기운은 있어도

온화한 봄의 기상은 없으니,

어찌 만물을 기를 수 있겠는가.

學者要有段兢業的心思, 又要有段瀟洒的趣味.
若一味斂束淸苦, 是有秋殺無春生, 何以發育萬物?

菜
根
譚
──

진실한 청렴은 청렴하다는 이름조차 없으니,
이름을 드러내는 사람은
바로 탐욕이 있기 때문이다.
참으로 큰 재주는 별달리 교묘한 재주가 없으니,
교묘한 재주를 부리는 사람은
곧 서툴기 때문이다.

眞廉, 無廉名.
立名者, 正所以爲貪.
大巧, 無巧術.
用術者, 乃所以爲拙.

菜
根
譚

―

명예와 이익을 구하는 마음을 뿌리 뽑지 못한 사람은
비록 제후의 큰 나라를 가벼이 여기고
표주박의 물을 달게 여길지라도
사실은 세속적인 정에 떨어져 있는 것이고,
객기客氣를 다 녹여내지 못한 사람은
비록 천하에 혜택을 베풀고
후대에 길이 이익을 줄지라도
끝내 부질없는 재주에 그치게 될 것이다.

名根未拔者, 縱輕千乘甘一瓢, 總墮塵情.
客氣未融者, 雖澤四海利萬世, 終爲剩技.

마음이 밝으면
어두운 방안에도 푸른 하늘이 있고,
생각이 어두우면
밝은 대낮에도 귀신이 나타난다.

心體光明, 暗室中, 有靑天.
念頭暗昧, 白日下, 生厲鬼.

菜根譚

하늘의 조화는 헤아릴 수 없다.
억눌렀다가 펴고 폈다가 억누르니,
이 모두 다
영웅을 희롱하고 호걸을 거꾸러뜨리는 것이다.
그러나 군자만은 역경에 처해서도
그것을 순리로 받아들이고,
편안할 때에도 위태함을 생각하므로,
하늘도 자기의 재주를 부릴 수 없는 것이다.

天地機緘, 不測. 抑而伸, 伸而抑. 皆是播弄英雄顚倒豪傑處.
君子只是逆來順受居安思危, 天亦無所用其伎倆矣.

菜根譚

성질이 조급한 사람은 타는 불과 같아서
만나는 것마다 태워버리며,
남에게 은혜 베풀기를 즐기지 않는 사람은
얼음과 같이 차가워서
닥치는 것마다 반드시 얼려 죽이며,
마음이 꼭 막히고 고집스러운 사람은
고인 물이나 썩은 나무와 같아서
생기가 이미 끊어져 버렸다.
이들 모두 공을 세우고 복을 누리기는 어려울 것이다.

燥性者, 火熾, 遇物則焚.
寡恩者, 氷淸, 逢物必殺.
凝滯固執者, 如死水腐木, 生機已絶.
俱難建功業而延福祉.

菜根譚

사람들은 명성과 지위만이 즐거운 것인 줄 알고,
명성도 없고 지위도 없는 즐거움이
가장 참된 즐거움인 줄은 모른다.
사람들은 굶주리고 추운 것만이 근심인 줄 알고,
굶주리지도 않고 춥지도 않은 근심이
더욱 심한 근심인 줄은 모른다.

人知名位爲樂, 不知無名無位之樂爲最眞.
人知饑寒爲憂, 不知不饑不寒之憂爲更甚.

栄
根
譚

——

악한 일을 하면서도 남들이 알까 두려워하면
악함 속에 오히려 선을 향하는 길이 있고,
착한 일을 하면서도 남들이 빨리 알아주기를 바란다면
선함 속에 곧 악의 뿌리가 있게 된다.

爲惡而畏人知, 惡中猶有善路.
爲善而急人知, 善處卽是惡根.

菜根譚

복은 마음대로 불러오지 못하니
스스로 즐거운 마음을 길러서
복을 부르는 바탕으로 삼을 따름이요,
재앙 또한 마음대로 피할 수 없으니
남을 해치는 마음을 없애서
재앙을 멀리하는 방도로 삼을 따름이다.

福不可徼. 養喜神, 以爲召福之本而已.
禍不可避. 去殺機, 以爲遠禍之方而已.

열 마디 말 중 아홉 마디가 맞더라도
대단하다고 칭찬하지는 않지만,
한 마디라도 어긋나면 탓하는 소리가 사방에서 모여든다.
열 가지 계획 중 아홉 가지가 성공하더라도
공功을 돌리려고 하지 않지만,
한 가지 계획이라도 실패하면 비난하는 소리가 떼 지어 일어난다.
이 때문에 군자는 차라리 침묵할지언정 떠들지 않고,
차라리 서툴지언정 교묘함을 드러내지 않는다.

十語九中, 未必稱奇. 一語不中, 則愆尤騈集.
十謀九成, 未必歸功. 一謀不成, 則訾議叢興.
君子所以寧默毋躁, 寧拙毋巧.

菜根譚

천지의 기운은 따뜻하면 만물을 낳아서 기르고,
차가우면 시들어 죽게 한다.
그러므로 성질이 맑고 차가운 사람은
복을 받아서 누리는 것 또한 차고 박하다.
오직 온화한 기질과 따뜻한 마음을 가진 사람이라야
그 복도 또한 두텁고 그 혜택도 오래가는 것이다.

天地之氣, 暖則生, 寒則殺.
故性氣淸冷者, 受享亦凉薄.
唯和氣熱心之人, 其福亦厚, 其澤亦長.

진리의 길은 아주 넓어서
여기에 조금만 마음을 두어도
가슴속이 문득 커지고 밝아진다.
욕망의 길은 아주 좁아서
여기에 조금만 발을 들여놓아도
눈앞이 모두 가시밭이요 진창이 되고 만다.

天理路上, 甚寬. 稍游心, 胸中便覺廣大宏朗.
人欲路上, 甚窄. 纔寄迹, 眼前俱是荊棘泥塗.

菜
根
譚

괴로움과 즐거움을 고루 맛보아
그 괴로움과 즐거움이 서로 단련한 끝에 복을 이루어야
그 복이 비로소 오래 가고,
의심과 믿음에 고루 담금질한 끝에 이룬 지식이라야
그 지식이 비로소 참될 것이다.

一苦一樂, 相磨練, 練極而成福者, 其福始久.
一疑一信, 相參勘, 勘極而成知者, 其知始眞.

3편
마음은 항상 꽉 차 있으면서도
비어 있어야 한다

菜根譚

菜根譚

마음은 항상 비어 있지 않으면 안 되니
비어 있어야
의리가 그곳에 와서 살 것이고,
마음은 항상 꽉 차 있지 않으면 안 되니
꽉 차 있어야
 물욕이 그곳에 들어오지 못할 것이다.

心不可不虛, 虛則義理來居.
心不可不實, 實則物欲不入.

菜根譚

땅이 더러우면 초목이 많이 자라지만,
물이 맑으면 고기가 항상 없는 법이다.
그러므로 군자는 마땅히 때 묻은 것을 감싸고
더러운 것을 받아들이는 아량을 지녀야 하며,
깨끗한 것을 좋아하고
홀로 행하려는 뜻을 가져서는 안 될 것이다.

地之穢者, 多生物.
水之清者, 常無魚.
故君子當存含垢納汚之量, 不可持好潔獨行之操.

茶
根
譚

수레를 뒤집는 사나운 말도 길들이면 부릴 수 있고,

튀어오르는 쇳물도 잘 다루면 좋은 물건을 만들 수 있다.

사람이 하는 일 없이 놀기만 하고 분발함이 없으면,

평생토록 아무런 발전도 없을 것이다.

진백사陳白沙(중국 명나라 때의 학자로, 이름은 헌장獻章)는 "사람이 병 많
은 것이 부끄러운 것이 아니라, 평생토록 병 없는 그것이 바로 나의
근심이다." 하였으니,

참으로 맞는 말이다.

泛駕之馬, 可就驅馳. 躍冶之金, 終歸型範.

只一優游不振, 便終身無個進步.

白沙云, "爲人多病未足羞, 一生無病是吾憂", 眞確論也.

菜
根
譚

―

일단 사사로운 이익을 탐내는 마음이 생기면,

강한 기운도 문득 꺾여 나약해지며

지혜는 막혀 어두워지고

인자한 마음은 변해서 혹독해지며

깨끗함이 물들어 더러워져서

한 평생의 인품을 깨뜨리고 만다.

그러므로 옛사람들은 탐내지 않는 것을 보배로 삼아

한 세상을 초월해서 살았다.

人只一念貪私,

便銷剛爲柔, 塞智爲昏, 變恩爲慘, 染潔爲汚,

壞了一生人品.

故古人以不貪爲寶, 所以度越一世.

菜
根
譚

—

아직 이루지 못한 공을 도모하는 것은
이미 이룬 공을 지키는 것만 못하고,
이미 지나간 허물을 뉘우치는 것은
앞으로 닥쳐올 잘못을 막는 것만 못하다.

圖未就之功, 不如保已成之業.
悔已往之失, 不如防將來之非.

菜根譚

기상은 높고 넓어야 하지만 엉성하거나 거칠어서는 안 되며,
심사는 빈틈이 없어야 하지만 자잘해서는 안 되며,
취미는 담박한 것이 좋지만 너무 메말라서는 안 되며,
지조를 지킴에는 엄정해야 하지만 과격해서는 안 된다.

氣象要高曠, 而不可疎狂.
心思要縝密, 而不可瑣屑.
趣味要沖淡, 而不可偏枯.
操守要嚴明, 而不可激烈.

菜
根
譚

———

바람이 성긴 대숲에 불어도
바람이 지나가고 나면 대숲은 소리를 남겨 두지 않고,
기러기가 차가운 연못을 지나가도
기러기가 가고 나면 연못은 그림자를 남겨 두지 않는다.
그러므로 군자는 일이 다가오면 비로소 마음에 나타나고,
일이 지나가고 나면 마음도 따라 비게 된다.

風來疎竹, 風過而竹不留聲.
雁度寒潭, 雁去而潭不留影.
故君子, 事來而心始現, 事去而心隨空.

菜根譚

청렴하면서도 아량이 있으며,
어질면서도 결단력이 있으며,
총명하면서도 지나치게 살피지 않으며,
강직하면서도 너무 곧지 않으면,
이를 두고
꿀떡이 달지 않고 해물이 짜지 않다고 하는 것이니,
그래야 훌륭한 덕이다.

清能有容, 仁能善斷, 明不傷察, 直不過矯,
是謂"蜜餞不甛, 海味不鹹", 纔是懿德.

菜
根
譚

가난한 집도 말끔하게 청소하고,
가난한 여인도 깨끗하게 머리를 빗으면
모습이 비록 화려하거나 아름답지는 않을지라도
기품은 저절로 우아해진다.
선비가 한번 곤궁하고 쓸쓸한 상황에 처했다고 해서
어찌 문득 스스로를 버릴 수 있으랴.

貧家淨拂地, 貧女淨梳頭, 景色雖不艶麗, 氣度自是風雅.
士君子一當窮愁寥落, 奈何輒自廢弛哉?

菜根譚

한가할 때에 헛되이 세월을 보내지 않으면
바쁠 때에 그 덕을 볼 수 있으며,
고요할 때에 공허에 떨어지지 않으면
활동할 적에 그 덕을 볼 수 있으며,
어두운 가운데 속이고 숨기는 일이 없으면
밝은 곳에서 그 덕을 볼 수 있을 것이다.

閒中不放過, 忙處有受用.
靜中不落空, 動處有受用.
暗中不欺隱, 明處有受用.

고요한 가운데 생각이 맑고 투철하면
마음의 참된 바탕을 볼 수 있으며,
한가로운 가운데 기상이 조용하면
마음의 참된 움직임을 알 수 있으며,
담박한 가운데 뜻과 취향이 차분하면
마음의 참된 맛을 알 수 있으니,
마음을 밝게 살피고 도를 터득하는 데는
이 세 가지 만한 것이 없다.

靜中念慮澄徹, 見心之眞體.
閒中氣象從容, 識心之眞機.
淡中意趣沖夷, 得心之眞味.
觀心證道, 無如此三者.

菜
根
譚

───

고요한 가운데서 고요함을 지키는 것은
참다운 고요함이 아니다.
소란한 곳에서 고요함을 지켜야만
천성의 참다운 경지를 얻을 것이다.
즐거운 가운데서 즐거움을 지니는 것은
참다운 즐거움이 아니다.
괴로운 곳에서 즐거움을 얻을 수 있어야만
마음의 참다운 작용을 볼 수 있을 것이다.

靜中靜非眞靜. 動處靜得來, 纔是性天之眞境.
樂處樂非眞樂. 苦中樂得來, 纔見心體之眞機.

菜根譚

제 자신을 바쳐 일하기로 했으면 다시 그 일에 의심을 두지 말라.

의심을 두게 되면

제 자신을 바치기로 했던 마음에 부끄러움이 많을 것이다.

남에게 베풀었으면 그 보답을 재촉하지 말라.

보답을 재촉하게 되면

베풀어 준 그 마음까지도 함께 잘못될 것이다.

舍己, 毋處其疑. 處其疑, 卽所舍之志多愧矣.
施人, 毋責其報. 責其報, 倂所施之心俱非矣.

菜根譚

하늘이 나에게 복을 박하게 준다면
나는 내 덕을 두터이 하여 이를 맞이할 것이며,
하늘이 내 몸을 수고롭게 한다면
나는 내 마음을 편안하게 하여 이를 채울 것이며,
하늘이 나에게 곤궁한 길을 준다면
나는 나의 도를 형통하게 하여 그 길을 열 것이다.
이와 같다면 하늘인들 나를 어찌할 수 있겠는가.

天薄我以福, 吾厚吾德, 以迓之.
天勞我以形, 吾逸吾心, 以補之.
天阨我以遇, 吾亨吾道, 以通之.
天且我奈何哉?

榮
根
譚

곧은 선비는 복을 구하려는 마음이 없으므로
하늘이 그 무심한 곳을 향하여 문을 열어 주고,
음흉한 사람은 화를 피하는 데만 집착하므로
하늘이 그 집착하는 마음에 재앙을 내려 넋을 빼앗는다.
보라, 하늘의 권능의 가장 신묘함을.
사람의 지혜와 기교가 무슨 도움이 되랴.

貞士無心徼福, 天卽就無心處牖其衷.
憸人著意避禍, 天卽就著意中奪其魄.
可見天之機權最神. 人之智巧何益?

菜根譚

———

군자가 위선을 행한다면
소인이 마음대로 악한 짓을 저지르는 것과 다를 바 없고,
군자가 절개를 바꾼다면
소인이 자신의 잘못을 고쳐 스스로 새로워짐만도 못할 것이다.

君子而詐善, 無異小人之肆惡.
君子而改節, 不及小人之自新.

菜根譚

집안사람에 잘못이 있으면 지나치게 화를 내서도 안 되고
가벼이 흘러버려서도 안 된다.
그 일을 가지고 말하기 어려우면
다른 일을 빌려 은근히 빗대어 깨우쳐 주어라.
오늘 깨닫지 못하면 내일 다시 일깨워주어야 한다.
봄바람이 언 것을 녹이듯,
따뜻한 기운이 얼음을 녹이듯 해라.
이것이 바로 가정의 규범이다.

家人有過, 不宜暴怒, 不宜輕棄.
此事難言, 借他事隱諷之.
今日不悟, 俟來日再警之.
如春風解凍, 如和氣消氷, 纔是家庭的型範.

菜
根
譚

내 마음을 살펴서 언제나 원만함을 체득할 수 있다면
천하는 저절로 결함이 없는 세계가 될 것이고,
내 마음을 언제나 너그럽고 화평하게 놓아둘 수 있다면
천하에는 저절로 험악한 인정이 사라질 것이다.

此心常看得圓滿, 天下自無缺陷之世界.
此心常放得寬平, 天下自無險側之人情.

마음이 담박한 선비는 반드시
호화로움을 즐기는 사람으로부터 의심을 받고,
엄격한 사람은 자주 방종한 사람의 기피 인물이 되니,
군자는 이에 처해서
조금도 그 지조와 행위를 바꾸지 말아야 할 것이며,
또한 그 날카로움을 지나치게 드러내지도 말아야 할 것이다.

澹泊之士, 必爲濃艶者所疑.
檢飭之人, 多爲放肆者所忌.
君子處此, 固不可少變其操履, 亦不可太露其鋒芒.

菜
根
譚

―

역경逆境에 처하면
몸 주위가 모두 침이요 약이라
저도 모르는 사이에 절조와 행실이 닦여지고,
순경順境에 처하면
눈앞이 모두 칼과 창이라
살이 녹고 뼈가 깎여도 알지 못한다.

居逆境中, 周身皆鍼砭藥石, 砥節礪行而不覺.
處順境內, 眼前盡兵刃戈矛, 銷膏靡骨而不知.

菜根譚

부귀한 집에서 자란 사람은
욕심이 사나운 불길과 같고, 권세는 세찬 불꽃과 같다.
만약 조금이라도 맑고 서늘한 기운을 띠지 않는다면,
그 불길이 남을 태우는 데 이르지는 않을지라도
장차 반드시 자기를 태워버리게 될 것이다.

生長富貴家中的, 嗜欲如猛火, 權勢似烈焰.
若不帶些淸冷氣味, 其火焰不至焚人, 必將自爍矣.

菜根譚
一

사람의 마음이 진실 되면
5월에도 서리가 내리게 할 수 있고,
울음으로 성벽을 무너뜨릴 수 있으며,
쇠와 돌도 뚫을 수 있다.
그러나 거짓되고 망령된 사람은
형체만 헛되이 갖추었을 뿐
진정한 주인은 이미 사라져서,
남을 대하면 얼굴도 밉상스럽고,
혼자 있으면 제 몸과 그림자를 대하고도
스스로 부끄러워한다.

人心一眞, 便霜可飛城可隕金石可貫.
若僞妄之人, 形骸徒具, 眞宰已亡, 對人則面目可憎, 獨居則形影自媿.

菜
根
譚

―

문장이 지극한 경지에 도달하면
별다른 기발함이 없이 다만 알맞을 뿐이며,
인품이 지극한 경지에 도달하면
별다른 특이함이 없이 다만 본래의 모습일 뿐이다.

文章做到極處, 無有他奇, 只是恰好.
人品做到極處, 無有他異, 只是本然.

菜
根
譚

───

입에 맛있는 음식은
모두 창자를 짓무르게 하고 뼈를 썩게 하는 독약이니
반쯤만 먹으면 재앙이 없을 것이며,
마음을 즐겁게 하는 일은
모두가 몸을 망치고 덕을 잃게 하는 매개물이니
반쯤에서 그쳐야 후회가 없을 것이다.

爽口之味, 皆爛腸腐骨之藥. 五分便無殃.
快心之事, 悉敗身喪德之媒. 五分便無悔.

남의 작은 허물을 꾸짖지 말며,
남의 비밀을 드러내지 말며,
남의 지난날 잘못을 염두에 두지 말라.
이 세 가지로 덕을 기를 수 있고
또 이 세 가지로 재앙을 멀리할 수 있다.

不責人小過. 不發人陰私. 不念人舊惡.
三者可以養德, 亦可以遠害.

菜
根
譚

선비는 몸가짐을 가벼이 해서는 안 되니,
가벼이 하면 외부의 사물이 나를 흔들어
여유롭고 침착한 맛이 없어진다.
마음 씀을 무겁게 해서도 안 되니,
무겁게 하면 자신의 뜻에 매여
시원하고 활발한 기상이 없어진다.

士君子持身不可輕. 輕則物能撓我, 而無悠閒鎭定之趣.
用意不可重. 重則我爲物泥, 而無蕭灑活潑之機.

菜根譚

천지는 만고에 존재하되
이 몸은 다시 얻을 수 없고,
인생은 백년뿐이로되
이 날은 너무도 쉽게 지나간다.
다행히 그 사이에 태어난 사람은
생의 즐거움을 몰라서도 안 되고,
또한 헛된 생을 헛되이 산다는 근심을 품지 않아서도 안 된다.

天地有萬古, 此身不再得.
人生只百年, 此日最易過.
幸生其間者, 不可不知有生之樂, 亦不可不懷虛生之憂.

菜根譚

원한이란 덕으로 인해 나타나는 것이니
사람들로 하여금 내가 덕이 있다고 생각하게 하기보다는
덕과 원한 양쪽을 다 잊게 만드는 것이 나으며,
원수는 은혜로 인해 생겨나는 것이니
사람들로 하여금 나의 은혜를 알게 하기보다는
은혜와 원수를 모두 모르게 하는 것이 낫다.

怨因德彰. 故使人德我, 不若德怨之兩忘.
仇因恩立, 故使人知恩, 不若恩仇之俱泯.

菜根譚

늙어서 생기는 질병은
모두 젊었을 때 부른 것이고,
쇠퇴한 뒤에 생기는 재앙은
모두 흥성할 때 지은 것이다.
군자는 젊고 흥성할 때에 더욱 조심해야 한다.

老來疾病, 都是壯時招的.
衰後罪孼, 都是盛時作的.
故持盈履滿, 君子尤兢兢焉.

菜根譚

사사로운 은혜를 파는 것은
도의를 실천하는 것만 못하며,
새 친구를 사귀는 것은
옛 친구와의 우정을 돈독히 하는 것만 못하며,
드날리는 명성을 세우는 것은
숨은 은덕을 심는 것만 못하며,
빼어난 절개를 숭상하는 것은
일상의 행동을 삼가는 것만 못하다.

市私恩, 不如扶公議.
結新知, 不如敦舊好.
立榮名, 不如種隱德.
尙奇節, 不如謹庸行.

4편
벗의 잘못된 점에 머뭇거리지 말라

菜根譚

菜
根
譚

공평한 정론正論에는 손을 대지 말아야 하니,
한번 범하면 역사에 길이 수치를 남길 것이다.
권세 있는 집과 사사로운 이익을 추구하는 곳에는
발을 들여놓지 말아야 하니,
한번 발을 들여놓으면
평생토록 씻을 수 없는 오점이 될 것이다.

公平正論, 不可犯手. 一犯則貽羞萬世.
權門私竇, 不可著脚. 一著則點汚終身.

菜根譚

뜻을 굽혀서 남을 기쁘게 하기보다는
내 자신의 행실을 곧게 해서
남의 미움을 받는 것이 더 낫고,
착한 일을 한 것이 없으면서 남의 기림을 받기보다는
나쁜 일을 하지 않고도
남의 헐뜯음을 받는 것이 더 낫다.

曲意而使人喜, 不若直躬而使人忌.
無善而致人譽, 不若無惡而致人毁.

菜根譚

부모형제와 같은 혈육의 변고를 당해서는
마땅히 침착해야 하고
감정이 격렬해져서는 안 된다.
벗의 잘못된 점을 보면
마땅히 간절하게 충고해야 하고
머뭇거려서는 안 된다.

處父兄骨肉之變, 宜從容不宜激烈.
遇朋友交遊之失, 宜凱切不宜優游.

菜根譚

작은 일에도 물샐 틈이 없으며,
남이 안 보는 곳에서도 속이고 숨기지 않으며,
실패해도 포기하지 않는다면,
이 사람은 진정한 영웅이다.

小處不滲漏. 暗中不欺隱. 末終不怠荒. 纔是個眞正英雄.

菜根譚

많은 돈을 주고도 한때의 환심을 사기 어려운가 하면,
한 끼의 밥으로도
평생 고마운 마음을 갖게 할 수 있다.
대개 사랑이 지나치면
은혜가 도리어 원수가 되고,
괴로움이 지극하면
박한 것이 오히려 기쁨이 되기도 한다.

千金難結一時之歡, 一飯竟致終身之感.
蓋愛重反爲仇, 薄極繁翻成喜也.

菜根譚

쇠락하여 쓸쓸한 모습은 바로 번성하고 가득 찬 속에 있고,
새로이 자라나는 움직임은 바로 떨어져 시드는 가운데에 있다.
그러므로 군자는 편안할 때에
마땅히 마음을 잡아 환난을 염려해야 하고,
변고를 당했을 때 백번을 참아 성공을 도모해야 한다.

衰颯的景象, 就在盛滿中.
發生的機緘, 卽在零落內.
故君子居安宜操一心以慮患, 處變當堅百忍以圖成.

菜
根
譚

———

한쪽 말만 듣고서 간사한 사람에게 속지 말며,
자기를 너무 믿고서 객기를 부리지 말며,
자신의 장점을 가지고 남의 단점을 드러내지 말며,
자기가 서툴다고 해서 남의 능숙함을 시기하지 말라.

毋偏信而爲奸所欺.
毋自任而爲氣所使.
毋以己之長而形人之短.
毋因己之拙而忌人之能.

菜根譚

다른 사람의 단점은 힘써 덮어주어야 한다.

만약 그것을 드러내 알린다면,

이는 단점으로 단점을 공격하는 것이 된다.

다른 사람의 완고한 점은 잘 타일러 깨우쳐주어야 한다.

만약 화를 내 그를 미워하면,

이는 완고함으로 완고함을 바로잡으려는 것이 된다.

人之短處, 要曲爲彌縫.

如暴而揚之, 是以短攻短.

人有頑的, 要善爲化誨.

如忿而疾之, 是以頑濟頑.

菜根譚

음침하게 말이 없는 사람을 만나거든
속마음을 털어놓지 말라.
발끈하여 성을 내는 사람이 잘난 척하거든
마땅히 입을 다물도록 하라.

遇沈沈不語之士, 且莫輸心.
見悻悻自好之人, 應須防口.

菜根譚

마음이 혼미하고 산란할 때는 다잡아 깨달을 줄 알아야 하고,
마음이 긴장되고 굳어질 때는 풀어 버릴 줄 알아야 한다.
그렇지 않으면 혼미한 병을 없애더라도,
다시 조바심하는 괴로움이 찾아올 것이다.

念頭昏散處, 要知提醒.
念頭喫緊時, 要知放下.
不然, 恐去昏昏之病, 又來憧憧之擾矣.

茱
根
譚

———

맑게 갠 푸른 하늘도 갑자기 변하여 우레가 울고 번개가 치며,
세찬 바람 성난 비도 갑자기 변하여 달 밝은 하늘이 되니,
천지의 움직임이 어찌 일정하리오.
털끝만한 걸림 때문에 이러한 변화가 일어난다.
하늘이 어찌 변함이 있으리오.
털끝만큼의 막힘 때문에 이러한 변화가 생긴다.
사람의 마음도 또한 이와 같다.

霽日靑天, 倏變爲迅雷震電.
疾風怒雨, 倏變爲朗月晴空.
氣機何常? 一毫凝滯.
太虛何常? 一毫障塞.
人心之體, 亦當如是.

菜
根
譚

사사로운 정을 이기고 욕심을 누르는 일에 대하여,

일찍 알지 않으면

억제하는 힘을 기르기가 쉽지 않다고 하는 사람도 있고,

알았다고 해도 참는 힘이 모자란다고 하는 사람도 있다.

대개 안다는 것은

악마를 비추는 한 알의 밝은 구슬이고,

억제하는 힘은

악마를 베어 죽이는 한 자루의 지혜로운 칼이니,

이 두 가지가 모두 없어서는 안 될 것이다.

勝私制欲之功, 有曰 "識不早, 力不易者." 有曰 "識得破, 忍不過者."
蓋識是一顆照魔的明珠, 力是一把斬魔的慧劍. 兩不可少也.

菜
根
譚

―

남이 속이는 줄 알면서도 말로 나타내지 않고,
남에게 모욕을 받을지라도 얼굴빛에 나타내지 않으면,
이 가운데에 무궁한 의미가 있으며
또한 무궁한 효용이 있다.

覺人之詐, 不形於言.
受人之侮, 不動於色.
此中有無窮意味, 亦有無窮受用.

역경과 곤궁은 호걸을 단련하는 용광로와 망치이다.

능히 그 단련을 받아들이면

몸과 마음에 모두 유익할 것이고,

그 단련을 받아들이지 않으면

몸과 마음에 모두 손해가 될 것이다.

橫逆困窮, 是煅煉豪傑的一副鑪錘.

能受其煅煉, 則身心交益.

不受其煅煉, 則身心交損.

菜根譚

나의 몸은 하나의 작은 세계이다.
기뻐함과 성냄으로 하여금 잘못을 저지르지 않게 하고,
좋아함과 싫어함으로 하여금 법도가 있게 한다면,
바로 내 몸의 조화를 다스리는 공부가 될 것이다.
이 세계는 하나의 큰 부모이다.
백성들로 하여금 원망이 없게 하고,
만물로 하여금 병이 없게 한다면,
이 또한 화목한 기상이 될 것이다.

吾身, 一小天地也.
使喜怒不愆, 好惡有則, 便是燮理的工夫.
天地, 一大父母也.
使民無怨咨, 物無氛疹, 亦是敦睦的氣象.

菜根譚

남을 해치려는 마음을 가져서도 안 되지만
남의 침해를 막으려는 마음이 없어서도 안 되니,
이것은 생각에 소홀함이 있을까 경계한 것이다.
차라리 남에게 속을지언정
남이 속일 것이라고 미루어 짐작하지는 말아야 하니,
이것은 지나치게 살펴 손상을 입게 될까 경계한 것이다.
이 두 가지를 아울러 지닌다면
생각이 밝아지고 덕이 두터워질 것이다.

害人之心, 不可有. 防人之心, 不可無. 此戒疎於慮也.
寧受人之欺, 毋逆人之詐. 此警傷於察也.
二語並存, 精明而渾厚矣.

茱
根
譚

———

많은 사람들이 의심한다고 하여 자신의 견해를 굽히지 말며,
자신의 생각대로만 하여 남의 말을 물리치지도 말라.
작은 은혜를 사사로이 베풀어
국가의 큰 본질을 손상시키지도 말며,
공론을 빌어 사사로운 감정을 해결하지도 말라.

毋因群疑而阻獨見. 毋任己意而廢人言.
毋私小惠而傷大體. 毋借公論而快私情.

菜
根
譚

착한 사람이라도 빨리 친해질 수 없으면,

마땅히 미리 그를 칭찬하지 말라.

헐뜯어 이간질하는 간악한 사람이 있을까 두렵다.

악한 사람이라도 쉽게 물리칠 수 없으면,

마땅히 미리 말을 내지 말라.

뜻밖의 재앙을 부를까 두렵다.

善人未能急親, 不宜預揚, 恐來讒讚之奸.

惡人未能輕去, 不宜先發, 恐招媒蘗之禍.

菜根譚
一

청천백일과 같이 빛나는 절의는
어두운 방 컴컴한 구석에서 길러지는 것이고,
천지를 뒤흔드는 경륜은
깊은 연못가에 선 듯, 살얼음을 밟듯
조심하는 데서 나오는 것이다.

青天白日的節義, 自暗室屋漏中培來.
旋乾轉坤的經綸, 自臨深履薄處操出.

菜根譚

어버이가 자식을 사랑하고 자식이 어버이에게 효도하며,
형이 아우를 아끼고 아우가 형을 공경하는 것이
비록 지극한 경지에 이르렀다 할지라도,
이는 모두 당연히 그와 같이 해야 하는 것이니,
털끝만큼도 감격스러운 마음으로 볼 것이 아니다.
만약 베푸는 사람이 스스로 덕으로 여기고,
받는 사람이 은혜로 생각한다면,
이는 곧 길거리를 오다가다 만난 사람과 다름이 없으니,
문득 장사꾼이 하는 짓이 되어 버릴 것이다.

父慈子孝, 兄友弟恭, 終做到極處, 俱是合當如此.
著不得一毫感激的念頭.
如施者任德·受者懷恩, 便是路人, 便成市道矣.

菜根譚

—

아름다움이 있으면 반드시 추함이 있어 상대가 되니,
내가 아름다움을 자랑하지 않는다면,
누가 나를 추하다고 할 수 있겠는가.
깨끗함이 있으면 반드시 더러움이 있어 상대가 되니,
내가 깨끗함을 좋아하지 않는다면,
누가 나를 더럽다고 할 수 있겠는가.

有姸, 必有醜爲之對. 我不誇姸, 誰能醜我?
有潔, 必有汚爲之仇. 我不好潔, 誰能汚我?

菜根譚

더웠다 식었다 하는 인정의 변화는
부귀한 사람이 빈천한 사람보다 더 심하고,
질투하고 시기하는 마음은 혈육이 남보다 더 사납다.
이러한 상황에서 만약 냉정한 마음으로 대처하고
차분한 태도로 억제하지 못한다면,
번뇌 속에 빠져 있지 않은 날이 드물게 되리라.

炎涼之態, 富貴更甚於貧賤.
妬忌之心, 骨肉尤狠於外人.
此處, 若不當以冷腸御以平氣, 鮮不日坐煩惱障中矣.

菜
根
譚

공로와 과실은 조금도 혼동하지 말아야 하니,
혼동하게 되면 사람들은 게으른 마음을 품게 될 것이다.
은혜와 원한은 지나치게 밝혀서는 안 되니,
지나치게 밝히면 배반할 마음을 일으키게 될 것이다.

功過, 不容少混. 混則人懷惰墮之心.
恩仇, 不可太明. 明則人起携貳之志.

菜
根
譚

———

악한 일일수록 그늘에 숨어 있기를 싫어하며,
선한 일일수록 밖에 드러나기를 싫어한다.
그러므로 드러난 악은 재앙이 적지만
숨어 있는 악은 재앙이 깊으며,
드러난 선은 공이 적지만
숨어 있는 선은 공이 크다.

惡忌陰. 善忌陽.
故惡之顯者禍淺, 而隱者禍深.
善之顯者功小, 而隱者功大.

덕은 재주의 주인이고, 재주는 덕의 종이다.

재주가 있어도 덕이 없으면,

이는 집에 주인이 없고

종이 일을 마음대로 처리하는 것과 같다.

어찌 도깨비가 마구 날뛰지 않겠는가.

德者, 才之主. 才者, 德之奴.

有才無德, 如家無主而奴用事矣, 幾何不魍魎而猖狂?

菜
根
譚

―

간악한 사람을 제거하고 아첨하는 무리를 막으려면,

모름지기 그들에게 한 가닥 달아날 길을 터 주어야 한다.

만약 그들이 달아날 곳을 없애 버린다면,

이는 비유하자면 쥐구멍을 막는 것과 다름이 없다.

달아날 길을 다 막아버리면,

쥐는 좋은 물건들을 다 물어뜯고 말 것이다.

鋤奸杜倖, 要放他一條去路.

若使之一無所容, 譬如塞鼠穴者,

一切去路, 都塞盡, 則一切好物, 俱咬破矣.

菜根譚

허물은 마땅히 다른 사람과 함께 해야 하지만,
공은 다른 사람과 함께 하지 말라.
공을 함께 하면 서로 시기하리라.
환난은 다른 사람과 함께 할 수 있지만,
안락은 다른 사람과 함께 할 수 없다.
안락을 다른 사람과 함께 하면 곧 서로 원수가 되리라.

當與人同過, 不當與人同功. 同功則相忌.
可與人共患難, 不可與人共安樂. 安樂則相仇.

菜
根
譚

군자가 가난하여 물질로 남을 구제할 수 없을지라도,
어리석어 방황하는 사람을 보거든
한 마디 말로 그를 이끌어 깨우쳐주고,
위급하고 곤란한 지경에 빠져 있는 사람을 만나거든
한 마디 말로 그를 구제해주다면,
이 또한 헤아릴 수 없는 공덕이 되리라.

士君子,
貧不能濟物者, 遇人痴迷處, 出一言提醒之,
遇人急難處, 出一言解救之, 亦是無量功德.

菜根譚

굶주리면 달라붙고 배부르면 떠나가며
따뜻하면 달려오고 추우면 버리는 것이
인정의 공통된 병폐다.

饑則附, 飽則颺, 燠則趨, 寒則棄, 人情通患也.

菜根譚

군자는
마땅히 냉철한 눈을 깨끗이 닦아두어야 하고,
삼가 굳은 마음을 가볍게 움직이지 말아야 한다.

君子宜淨拭冷眼, 愼勿輕動剛腸.

5편
자신의 잘못을 용서하지 말라

菜根譚

菜根譚

덕은 도량에 따라 늘어나고,
도량은 식견으로 말미암아 자라난다.
그러므로 덕을 두터이 하고자 하면
도량을 넓히지 않을 수 없고,
도량을 넓히고자 하면
식견을 크게 하지 않을 수 없다.

德隨量進, 量由識長.
故欲厚其德, 不可不弘其量.
欲弘其量, 不可不大其識.

菜
根
譚

자기를 반성하는 사람은
닥치는 일마다 모두 이로운 약이 될 것이고,
남을 탓하는 사람은
움직이는 생각마다 모두 스스로를 해치는 창칼이 될 것이다.
앞의 것은 모든 선행의 길을 열고,
뒤의 것은 모든 악의 근원이 되니,
이 둘 사이는 하늘과 땅 만큼 큰 거리가 있다.

反己者, 觸事皆成藥石.
尤人者, 動念卽是戈矛.
一以闢衆善之路, 一以濬諸惡之源, 相去霄壤矣.

榮根譚

고기를 잡으려고 쳐 놓은 그물에 기러기가 걸리는 수도 있고,
사마귀가 먹이를 탐내는 곳에 또한 참새가 그 뒤를 엿보기도 한다.
계략 속에 계략이 숨어 있고,
변고 밖에 다시 변고가 일어나니,
지혜와 기교를 어찌 믿을 수 있으랴.

魚網之設, 鴻則罹其中.
螳螂之貪, 雀又乘其後.
機裡藏機, 變外生變.
智巧, 何足恃哉?

菜根譚

사람됨에 한 점 진실하고 간절한 마음이 없다면,
이는 곧 일개 허수아비라,
하는 일마다 모두 헛되리라.
세상을 살아감에 원만하고 활발한 기상이 없다면,
이는 곧 한 개의 나무인형이라,
곳곳마다 장애가 있으리라.

作人, 無點眞懇念頭, 便成個花子, 事事皆虛.
涉世, 無段圓活機趣, 便是個木人, 處處有碍.

菜根譚

―――

물은 물결이 일지 않으면 저절로 고요하고,

거울은 흐려지지 않으면 스스로 밝다.

그러므로 마음을 맑게 하려고 굳이 애쓸 필요가 없으니,

그 흐린 것을 없애면 맑음은 저절로 나타날 것이고,

즐거움을 찾으려고 굳이 애쓸 필요가 없으니,

그 괴로움을 없애면 즐거움은 저절로 있게 될 것이다.

水不波則自定, 鑑不翳則自明.

故心無可淸, 去其混之者而淸自現.

樂不必尋, 去其苦之者而樂自存.

菜根譚

한 생각으로도 귀신이 금한 것을 범하며,
한 마디 말로도 천지의 조화를 해치며,
한 가지 일로도 자손의 재앙을 빚을 수 있으니,
마땅히 가장 절실하게 경계해야 할 것이다.

有一念而犯鬼神之禁, 一言而傷天地之和,
一事而釀子孫之禍, 最宜切戒.

菜根譚

일에는 급하게 서둘면 드러나지 않다가도
느긋하게 하면 혹 저절로 명백해지는 경우가 있으니,
조급하게 서둘러서 분노를 초래하지 말라.
사람은 부리려고 하면 따르지 않다가도
그냥 놓아두면 혹 저절로 감화되는 경우가 있으니,
너무 심하게 부려서 고집스러움을 더하지 말라.

事有急之不白者, 寬之或自明, 毋躁急以速其忿.
人有操之不從者, 縱之或自化, 毋操切以益其頑.

榮
根
譚

절의節義가 청운靑雲의 높은 자리를 내려다볼 만하고,

문장이 '양춘백설' 陽春白雪(중국 초나라에서 가장 고상하다는 가곡의 이름)

의 노래보다 더 뛰어날지라도,

만약 덕성으로 도야한 것이 아니라면,

마침내 사사로운 혈기와 하찮은 기예가 되고 말 것이다.

節義傲靑雲, 文章高白雪, 若不以德性陶鎔之, 終爲血氣之私技能之末.

菜
根
譚

일에서 물러서려거든
마땅히 한창 성할 때 물러서야 하고,
몸 둘 곳을 고르려거든
마땅히 홀로 뒤떨어진 곳에 자리를 잡으라.

謝事, 當謝於正盛之時.
居身, 宜居於獨後之地.

菜根譚

덕을 삼가려면 모름지기 아주 미세한 일을 삼갈 것이요,
은혜를 베풀려거든 갚지 못할 사람에게 힘써 베풀어라.

謹德, 須謹於至微之事.
施恩, 務施於不報之人.

菜
根
譚

———

시정市井 사람과 사귀는 것은 산골 늙은이를 벗하는 것만 못하며,
권세가에 굽실거리는 것은 가난한 사람과 친한 것만 못하며,
거리에 떠도는 말을 듣는 것은
나무꾼이나 목동의 노래를 듣는 것만 못하며,
살아 있는 사람의 부덕한 일과 잘못된 행동을 이야기하는 것은
옛사람의 아름다운 말과 행실을 이야기하는 것만 못하다.

交市人, 不如友山翁.
謁朱門, 不如親白屋.
聽街談巷語, 不如聞樵歌牧詠.
談今人失德過擧, 不如述古人嘉言懿行.

菜根譚

덕이 사업의 기초이니,
기초가 튼튼하지 못하고 그 집이 오래 견딘 경우는
이제까지 있지 않았다.

德者, 事業之基. 未有基不固而棟宇堅久者.

菜
根
譚

―

마음이란 후손들의 뿌리이니,
뿌리가 뽑히고도 가지와 잎이 무성한 경우는
이제까지 있지 않았다.

心者, 後裔之根. 未有根不植而枝葉榮茂者.

菜根譚

—

옛사람이 "자기 집의 무한한 재산을 버려두고,
밥그릇 들고 이집 저집 거지 흉내를 낸다." 하였고,
또 "졸부가 된 가난한 사람아, 꿈 이야기하지 말라.
뉘 집 부엌인들 불을 때면 연기가 나지 않으랴." 하였다.
앞의 것은 스스로 가진 것에 어두움을 경계한 것이고,
뒤의 것은 자신이 가진 것을 자랑함을 경계한 것이니,
학문하는 데 절실한 훈계로 삼아야 할 것이다.

前人云, "拋却自家無盡藏, 沿門持鉢效貧兒."
又云, "暴富貧兒休說夢, 誰家竈裡火無烟?"
一箴自昧所有. 一箴自誇所有. 可爲學問切戒.

菜根譚

━

도는 공공의 것이니
마땅히 사람마다 끌어다 접하게 해야 하고,
학문은 날마다 먹는 밥과 같으니
마땅히 일에 따라 조심해서 깨우쳐야 한다.

道是一種公衆物事, 當隨人而接引.
學是一個尋常家飯, 當隨事而警惕.

菜根譚

남을 믿는 것은
남이 반드시 모두 다 성실하기 때문이 아니라
자기 혼자만이 성실하기 때문이고,
남을 의심하는 것은
남이 반드시 모두 다 속이기 때문이 아니라
자기가 먼저 속이기 때문이다.

信人者, 人未必盡誠. 己則獨誠矣.
疑人者, 人未必皆詐. 己則先詐矣.

菜根譚

생각이 너그럽고 후한 사람은
봄바람이 따뜻하게 길러주는 것과 같아서
만물이 이를 만나면 살아나고,
생각이 편협하고 각박한 사람은
겨울 눈보라가 음산하여 얼어붙게 하는 것과 같아서
만물이 이를 만나면 죽게 된다.

念頭寬厚的, 如春風煦育, 萬物遭之而生.
念頭忌刻的, 如朔雪陰凝, 萬物遭之而死.

菜根譚

착한 일을 해도 그 이익은 보이지 않지만,
풀 속의 동아(박과의 한해살이 덩굴 식물로, 여름에 노란꽃이 피고 과실은 호박
과 비슷함)와 같아서
모르는 사이에 저절로 자라나고,
악한 일을 해도 그 손해는 보이지 않지만,
뜰 앞의 봄눈과 같아서
반드시 모르는 사이에 저절로 녹게 된다.

爲善, 不見其益, 如草裡冬瓜, 自應暗長.
爲惡, 不見其損, 如庭前春雪, 當必潛消.

菜根譚

옛 친구를 만나거든
마땅히 기상을 더욱 새롭게 하고,
비밀스런 일에 처해서는
마음자취를 마땅히 더욱 드러나게 하며,
노쇠한 사람을 만나거든
은혜와 예우를 더욱 융숭하게 하라.

遇故舊之交, 意氣要愈新.
處隱微之事, 心迹宜愈顯.
待衰朽之人, 恩禮當愈隆.

菜根譚

한때의 홍분으로 시작한 일은 시작하자마자 곧 멈추게 되니,
어찌 물러나지 않는 수레바퀴가 되랴.
감정과 재치로 얻은 깨달음은 깨닫자마자 곧 혼미하게 되니,
마침내 항상 밝은 등불이 되지 못한다.

憑意興作爲者, 隨作則隨止, 豈是不退之輪?
從情識解悟者, 有悟則有迷, 終非常明之燈.

菜
根
譚

남의 잘못은 마땅히 용서해주어야 하지만,
자신의 잘못은 용서하지 말라.
자신의 곤욕은 마땅히 참아야 하지만,
남의 곤욕은 그냥 참고 지나쳐서는 안 된다.

人之過誤, 宜恕, 而在己則不可恕.
己之困辱, 當忍, 而在人則不可忍.

菜根譚

능히 속됨을 벗어날 수 있다면 그가 바로 기인이지만,
짐짓 뜻을 지어 기행을 숭상하는 사람은
기인이 아니라 이상한 사람일 뿐이다.
더러운 세상에 섞이지 않으면 그가 바로 깨끗한 사람이지만,
세상과 단절한 채 깨끗함을 구하는 사람은
깨끗한 사람이 아니라 과격한 사람일 뿐이다.

能脫俗, 便是奇. 作意尙奇者, 不爲奇而爲異.
不合汚, 便是淸. 絶俗求淸者, 不爲淸而爲激.

菜
根
譚

———

은혜는 마땅히 옅음에서부터 짙음으로 나아가야 하니,
먼저 짙게 하고 뒤에 옅게 하면,
사람들은 그 은혜를 잊어버린다.
위엄은 마땅히 엄격함에서부터 관대함으로 나아가야 하니,
먼저 관대하게 하고 뒤에 엄격하게 하면,
사람들은 그 혹독함을 원망한다.

恩宜自淡而濃. 先濃後淡者, 人忘其惠.
威宜自嚴而寬. 先寬後嚴者, 人怨其酷.

菜根譚

마음이 비면 본성이 나타나니,
마음을 편안히 하지 않고 본성을 구하는 것은
물결을 헤치면서 달을 찾는 것과 같다.
뜻이 깨끗하면 마음이 맑아지니,
뜻을 환하게 하지 않고 마음 밝아지기를 구하는 것은
거울을 찾으면서 먼지를 더하는 것과 같다.

心虛則性現. 不息心而求見性, 如撥波覓月.
意淨則心淸. 不了意而求明心, 如索鏡增塵.

菜根譚

—

내가 귀할 때 남들이 나를 받드는 것은
내 높은 관과 큰 허리띠를 받드는 것이다.
내가 천할 때 남들이 나를 업신여기는 것은
내 삼베옷과 짚신을 업신여기는 것이다.
본래 나를 받드는 것이 아니니 내 어찌 기뻐하랴.
본래 나를 업신여기는 것이 아니니 내 어찌 성을 내랴.

我貴而人奉之, 奉此峩冠大帶也.
我賤而人侮之, 侮此布衣草履也.
然則原非奉我, 我胡爲喜?
原非侮我, 我胡爲怒?

菜根譚

"쥐를 위하여 항상 밥을 남겨두고,

나방을 불쌍히 여겨 등불을 켜지 않는다."고 하였으니,

옛사람의 이러한 생각이야말로

우리 인생이 끊임없이 나고 자라는 한 점의 기틀이다.

이것이 없다면 이른바 흙이나 나무로 된 존재일 따름이다.

爲鼠常留飯, 憐蛾不點燈.

古人此等念頭, 是吾人一點生生之機.

無此, 便所謂 '土木形骸' 而已.

마음의 바탕이 바로 하늘의 바탕이다.

하나의 기쁜 생각은 빛나는 별 상서로운 구름이요,

하나의 노여운 생각은 치는 우레 쏟아지는 비요,

하나의 자비로운 생각은 따뜻한 바람 달콤한 이슬이요,

하나의 엄한 생각은 뜨거운 햇빛 차가운 서릿발이니,

그 어느 것인들 없어서 되는 것이랴.

다만 형편에 따라 일어나고 때에 따라 없어져서

훤하게 막힘이 없어야만,

문득 하늘과 더불어 한 몸이 되리라.

心體, 便是天體.

一念之喜, 景星慶雲. 一念之怒, 震雷暴雨.

一念之慈, 和風甘露. 一念之嚴, 烈日秋霜.

何者少得? 只要隨起隨滅, 廓然無碍, 便與太虛同體.

菜根譚

일이 없을 때는 마음이 어두워지기 쉬우니,
마땅히 고요하면서도 깨어 있는 지혜로 비추어야 하고,
일이 있을 때는 마음이 흩어지기 쉬우니,
마땅히 깨어 있는 지혜 가운데
고요함을 주인으로 삼아야 할 것이다.

無事時, 心易昏冥, 宜寂寂而照以惺惺.
有事時, 心易奔逸, 宜惺惺而主以寂寂.

茶根譚

일을 논의하는 사람은
몸을 일 바깥에 두어 마땅히 이해利害의 실정을 살펴야 하고,
일을 맡은 사람은
몸을 일 가운데 두어 마땅히 이해에 대한 생각을 잊어야 한다.

議事者, 身在事外, 宜悉利害之情.
任事者, 身居事中, 當忘利害之慮.

菜根譚

군자가 권세 있는 요직에 있게 되면
몸가짐을 엄정하고 명백하게 하고,
마음은 온화하고 평이하게 하라.
조금이라도 세상의 속된 냄새가 나는 무리는 가까이하지 말 것이며,
또한 너무 과격하게 해서 독침을 가진 자들을
범하지도 말아야 할 것이다.

士君子處權門要路, 操履要嚴明, 心氣要和易.
毋少隨而近腥羶之黨, 亦毋過激而犯蜂蠆之毒.

6편
입은 마음의 문이다

菜根譚

菜
根
譚

절의를 내세우는 사람은 반드시 절의 때문에 비방을 받고,
도학道學을 내세우는 사람은 언제나 도학으로 인해 허물을 부른다.
그러므로 군자는 악한 일을 가까이하지도 않지만,
또한 좋은 평판을 내세우지도 않는다.
오직 모나지 않은 온화한 기운만이 몸을 보전하는 보배가 된다.

標節義者, 必以節義受謗.
榜道學者, 常因道學招尤.
故君子不近惡事, 亦不立善名.
只渾然和氣, 纔是居身之珍.

菜根譚

속이는 사람을 만나면 정성스러운 마음으로 감동시키고,
난폭한 사람을 만나면 온화한 기운으로 감화시키고,
사악함에 기울어져 사욕만 탐하는 사람을 만나면
대의명분과 기개절조로 격려해주면,
천하에 내 가르침 속으로 들어오지 않는 것이 없을 것이다.

遇欺詐的人, 以誠心感動之,
遇暴戾的人, 以和氣薰蒸之,
遇傾邪私曲的人, 以名義氣節激勵之,
天下無不入我陶冶中矣.

菜
根
譚

한 생각 자비로운 마음이 천지간에 온화한 기운을 빚어내며,
작은 마음의 결백이 맑고 향기로운 이름을
백대百代에 밝게 드리운다.

一念慈祥, 可以醞釀兩間和氣.
寸心潔白, 可以昭垂百代淸芬.

菜
根
譚

—

음흉한 계략, 괴이한 습관, 이상한 행동, 특별한 능력은
모두 세상을 살아가는 데 있어 재앙의 씨가 된다.
다만 평범한 덕행만이
본성을 온전히 하여 화평을 부를 수 있다.

陰謀怪習異行奇能, 俱是涉世的禍胎.
只一個庸德庸行, 便可以完混沌而召平和.

菜根譚

옛말에 "산에 오를 때는 비탈길을 참고 걸어야 하고,
눈 위를 걸을 때는 위험한 다리도 참고 걸어야 한다." 하였으니,
이 참을 내耐 한 글자에는 아주 깊은 뜻이 있다.
만약 험악한 인정과 험난한 세상길에서
이 참을 내耐 한 글자에 의지해서 살아가지 않는다면,
어찌 가시밭이나 구렁텅이에 떨어지지 않겠는가.

語云, "登山耐側路, 踏雪耐危橋", 一'耐'字極有意味.
如傾險之人情坎坷之世道,
若不得一'耐'字撐持過去, 幾何不墮入榛莽坑塹哉?

菜根譚

바쁜 가운데서도 한가한 틈을 내려면
모름지기 먼저 한가한 때에 그 바탕을 마련해 두어라.
시끄러운 가운데서도 고요함을 취하려거든
모름지기 먼저 고요한 때에 그 중심을 세워 두어라.
그렇지 않으면 환경에 따라 움직이고
일에 따라 흔들리지 않을 수 없을 것이다.

忙裡, 要偸閒, 須先向閒時討個欛柄.
鬧中, 要取靜, 須先從靜處立個主宰.
不然, 未有不因境而遷隨事而靡者.

菜根譚

자신의 마음을 어둡게 하지 말며,
남의 마음을 다하게 하지 말며,
사물의 힘을 다 쓰지 말라,
이 세 가지는 천지를 위하여 마음을 세우고,
백성을 위하여 목숨을 세우고,
자손을 위하여 복을 만드는 길이다.

不昧己心. 不盡人情. 不竭物力.
三者可以爲天地立心, 爲生民立命, 爲子孫造福.

菜根譚

관직에 있는 사람을 위한 두 마디 말이 있으니,
"오로지 공정하면 밝은 지혜가 생기고,
오로지 청렴하면 위엄이 생긴다." 함이 그것이다.
집안을 다스리는 사람을 위한 두 마디 말이 있으니,
"오로지 너그러우면 불평이 없어지고,
오로지 검소하면 모자람이 없다."고 한 것이 그것이다.

居官, 有二語, 曰"惟公則生明, 惟廉則生威."
居家, 有二語, 曰"惟恕則情平, 惟儉則用足."

菜根譚

———

부귀할 때는 마땅히 빈천함의 고통스러움을 알아야 하고,
젊을 때는 모름지기 노쇠함의 괴로움을 생각해야 한다.

處富貴之地, 要知貧賤的痛癢.
當少壯之時, 須念衰老的辛酸.

菜根譚

몸가짐을 지나치게 깨끗하게 하지 말 것이니,
모든 더러움과 욕됨을 다 받아들일 줄 알아야 한다.
남과 사귐에 너무 분명하게 하지 말 것이니,
모든 선한 사람과 악한 사람, 어진 사람과 어리석은 사람을
다 포용할 수 있어야 한다.

持身, 不可太皎潔. 一切汚辱垢穢, 要茹納得.
與人, 不可太分明. 一切善惡賢愚, 要包容得.

菜
根
譚

수양은 마땅히 백 번 단련한 쇠와 같이 하라.
급하게 이룬 것은 깊은 수양이 아니다.
실행은 마땅히 매우 크고 무거운 활과 같이 하라.
가벼이 쏘게 되면 큰 공을 이룰 수 없다.

磨礪, 當如百煉之金. 急就者, 非邃養.
施爲, 宜似千鈞之弩. 輕發者, 無宏功.

菜根譚

차라리 소인으로부터 시기와 비방을 당할지언정
소인의 아첨과 칭찬을 받지는 말라.
차라리 군자로부터 꾸짖음과 깨우침을 받을지언정
군자가 포용해주는 사람이 되지는 말라.

寧爲小人所忌毁, 毋爲小人所媚悅.
寧爲君子所責修, 毋爲君子所包容.

菜根譚

―

이익을 좋아하는 사람은
도의道義 밖에 멀리 벗어나 있으므로
그 피해가 나타나도 얕고,
명예를 좋아하는 사람은
도의 안에 깊이 숨어 있으므로
그 피해가 드러나지 않아도 깊다.

好利者, 逸出於道義之外, 其害顯而淺.
好名者, 竄入於道義之中, 其害隱而深.

菜
根
譚

남에게서 받은 은혜는 깊어도 갚지 않으면서,
원한은 얕아도 갚는다.
남의 나쁜 짓을 들으면 확실치 않아도 의심하지 않으면서,
착한 일은 확실해도 의심한다.
이것이야말로 각박함의 극단이니,
마땅히 절실하게 경계해야 한다.

受人之恩, 雖深不報, 怨則淺亦報之.
聞人之惡, 雖隱不疑, 善則顯亦疑之.
此刻之極薄之尤也. 宜切戒之.

菜
根
譚

남을 헐뜯는 사람의 말은
조각구름이 해를 가리는 것과 같아서
오래지 않아 저절로 밝혀지지만,
아양 떨고 아첨하는 사람의 말은
문틈으로 들어온 바람이 살갗에 스며드는 것과 같아서
그 해로움을 깨닫지 못한다.

讒夫毀士, 如寸雲蔽日, 不久自明.
媚子阿人, 似隙風侵肌, 不覺其損.

菜根譚

산이 높고 험한 곳에는 나무가 없지만,
골짜기가 감도는 곳에는 초목이 무성하며,
물살이 소용돌이치는 곳에는 고기가 없지만,
못물이 깊고 고요한 곳에는 물고기와 자라가 떼 지어 모여든다.
이렇듯 지나치게 고상한 행동과 좁고 급한 마음은
군자가 거듭 경계해야 한다.

山之高峻處無木, 而谿谷廻環, 則草木叢生.
水之湍急處無魚, 而淵潭停蓄, 則魚鼈聚集.
此高絶之行褊急之衷, 君子重有戒焉.

공을 세우고 사업을 이루는 사람은
대개 허심탄회하고 원만하지만,
일에 실패하고 기회를 잃는 사람은
반드시 집착하고 고집이 세다.

建功立業者, 多虛圓之士.
僨事失機者, 必執拗之人.

菜根譚

하루해가 벌써 저물었지만 노을은 오히려 더욱 아름답고,
한 해가 장차 저물려 해도 유자와 귤은 더욱 향기롭다.
마땅히 군자는 인생의 말년에 정신을 백배나 더해야 한다.

日旣暮而猶烟霞絢爛, 歲將晚而更橙橘芳馨.
故末路晚年, 君子更宜精神百倍.

菜
根
譚

———

매는 서 있는 것이 조는 것 같고 범은 걷는 것이 병든 것 같으니,
그것들이 바로 사람을 움켜잡고 사람을 깨무는 수단이다.
그렇듯 군자는 총명을 드러내지 말고 재주를 나타내지 말아야
큰 짐을 두 어깨에 짊어질 수 있다.

鷹立如睡, 虎行似病, 正是他攫人噬人手段處.
故君子要聰明不露才華不逞, 纔有肩鴻任鉅的力量.

菜根譚

검소함은 아름다운 덕이지만
지나치면 인색하고 초라해져서 도리어 바른 도리를 해치게 되고,
겸손함은 아름다운 행실이지만
지나치면 과도한 공손과 삼감이 도리어 비굴이 되어
본마음을 의심받게 된다.

儉美德也. 過則爲慳吝, 爲鄙嗇, 反傷雅道.
讓懿行也. 過則爲足恭, 爲曲謹, 多出機心.

菜根譚

뜻대로 안 되는 일을 근심하지 말며,
마음에 유쾌한 일을 기뻐하지 말라.
오랫동안의 편안함을 믿지 말며,
처음 맞은 어려움을 꺼려하지 말라.

毋憂拂意. 毋喜快心.
毋恃久安. 毋憚初難.

菜
根
譚

—

세상 사람들은 마음에 맞는 것을 즐거움으로 삼기 때문에
도리어 즐거운 마음에 이끌려 괴로운 곳에 있게 되고,
달관한 선비는 마음에 어긋나는 것을 즐거움으로 삼기 때문에
마침내 괴로운 마음이 바뀌어 즐거움이 찾아오게 된다.

世人以心肯處爲樂, 却被樂心引在苦處.
達士以心拂處爲樂, 終爲苦心換得樂來.

菜根譚

냉정한 눈으로 사람을 보며,
냉정한 귀로 말을 들으며,
냉정한 감정으로 느낌을 대하며,
냉정한 마음으로 이치를 생각하라.

冷眼觀人. 冷耳聽語. 冷情當感. 冷心思理.

菜根譚

어진 사람은 마음바탕이 너그럽고 느긋하므로
복도 두텁고 기쁜 일도 오래 가며
일마다 너그럽고 느긋한 태도를 지닌다.
비천한 사람은 생각머리가 좁고 급하므로
복도 박하고 은택도 짧아서
일마다 좁고 급한 모양을 보인다.

仁人, 心地寬舒. 便福厚而慶長, 事事成個寬舒氣象.
鄙夫, 念頭迫促. 便祿薄而澤短, 事事得個薄促規模.

菜
根
譚

성질이 조급하고 마음이 거친 사람은 한 가지 일도 이룰 수 없지만,
마음이 따뜻하고 기질이 차분한 사람은
백 가지 복이 저절로 모여든다.

性燥心粗者, 一事無成.
心和氣平者, 百福自集.

菜
根
譚

—

사람을 씀에는 마땅히 각박하게 하지 말 것이니,
각박하게 하면 일을 이루려고 생각하던 사람들이 떠나리라.
벗을 사귐에는 마땅히 함부로 사귀지 말 것이니,
함부로 사귀면 아첨하는 자들이 몰려오리라.

用人, 不宜刻. 刻則思效者去.
交友, 不宜濫. 濫則貢諛者來.

菜根譚

절의를 숭상하는 사람은
화평한 마음을 기르면 분쟁의 길을 열게 되지 않을 것이며,
공명심이 강한 선비는
겸양의 덕을 이어받으면 질투의 문을 열게 되지 않을 것이다.

節義之人, 濟以和衷, 纔不啓忿爭之路.
功名之士, 承以謙德, 方不開嫉妬之門.

菜
根
譚

———

일이 조금 뜻대로 되지 않을 때는 나보다 못한 사람을 생각하라.
그러면 원망하고 탓하는 마음이 저절로 사라지리라.
마음이 조금 게을러질 때는 나보다 나은 사람을 생각하라.
정신이 저절로 분발하게 되리라.

事稍拂逆, 便思不如我的人, 則怨尤自消.
心稍怠荒, 便思勝似我的人, 則精神自奮.

菜根譚

―

기쁨에 들떠서 가벼이 승낙하지도 말며,
술에 취해서 화를 내지도 말며,
유쾌함에 들떠서 일을 많이 만들지도 말며,
고달프다고 해서 일의 끝맺음을 소홀히 하지도 말라.

不可乘喜而輕諾. 不可因醉而生嗔.
不可乘快而多事. 不可因倦而鮮終.

菜根譚
—

입은 바로 마음의 문이니,
입을 엄밀하게 지키지 못하면 진정한 비밀이 다 새어나갈 것이다.
뜻은 바로 마음의 발이니,
뜻을 엄밀하게 막지 못하면
옳지 못한 길로 달려 가버리고 말 것이다.

口乃心之門. 守口不密, 洩盡眞機.
意乃心之足. 防意不嚴, 走盡邪蹊.

7편
길고 짧은 것은
생각에 달렸을 뿐이다

菜根譚

菜
根
譚

―

남을 꾸짖는 사람은
허물이 있는 가운데서 허물이 없음을 찾아야 마음이 편안할 것이고,
자신을 꾸짖는 사람은
허물이 없는 속에서 허물이 있음을 찾아야 덕이 발전할 것이다.

責人者, 原無過於有過之中, 則情平.
責己者, 求有過於無過之內, 則德進.

菜根譚

어린이는 어른의 싹이고, 수재秀才는 사대부의 싹이다.
이때 만약 화력이 모자라서 완전하게 단련되지 못하면,
뒷날 세상을 살아가거나 조정에 섰을 때
마침내 하나의 좋은 그릇이 되기 어려울 것이다.

子弟者, 大人之胚胎.
秀才者, 士夫之胚胎.
此時, 若火力不到陶鑄不純, 他日, 涉世立朝, 終難成個令器.

菜
根
譚

———

군자는 어려움에 처해서는 근심하지 않지만
즐거운 때를 당해서는 근심하며,
권세 있는 사람을 만나서는 두려워하지 않지만
의지할 데 없는 사람을 만나면 안타까워한다.

君子處患難而不憂. 當宴遊而惕慮.
遇權豪而不懼. 對惸獨而警心.

菜
根
譚

—

복사꽃과 오얏꽃이 아무리 고운들
어찌 저 푸른 송백의 굳고 곧음만 하랴.
배와 살구가 아무리 달아도
어찌 노란 유자와 푸른 귤의 맑은 향기만 하랴.
진실로 알겠노라.
너무 고와서 빨리 지는 것은 맑으면서도 오래가는 것보다 못하고,
일찍 빼어난 것은 늦게 이루어지는 것보다 못함을.

桃李雖艶, 何如松蒼栢翠之堅貞?
梨杏雖甘, 何如橙黃橘綠之馨冽?
信乎! 濃夭不及淡久. 早秀不如晩成 也.

菜根譚
一

바람 자고 물결이 고요한 가운데 인생의 참된 경지를 보고,
맛이 담담하고 소리가 드문 곳에서 마음의 본질을 알게 된다.

風恬浪靜中, 見人生之眞境.
味淡聲希處, 識心體之本然.

菜
根
譚

—

산림에 숨어 사는 즐거움을 말하는 사람은
아직 진정한 산림의 맛을 터득하지 못해서이고,
명리名利를 말하기 싫어하는 사람은
아직 명리에 대한 미련을 다 잊지 못해서이다.

談山林之樂者, 未必眞得山林之趣.
厭名利之談者, 未必盡忘名利之情.

茶
根
譚

———

낚시는 즐거운 일이지만 오히려 살리고 죽이는 권한을 쥐고 있고,
바둑과 장기는 조촐한 놀이지만 또한 전쟁의 마음을 일으킨다.
이렇듯 일을 즐거워하는 것은 일을 덜어 자적함만 못하고,
재능이 많은 것은 재주가 없어 진심을 보전함만 같지 못함을 알 수
있을 것이다.

釣水, 逸事也. 尙持生殺之柄.
奕棋, 淸戱也. 且動戰爭之心.
可見喜事不如省事之爲適, 多能不若無能之全眞.

菜根譚

세월은 본래 길건만 마음 바쁜 사람은 스스로 짧다고 하며,
천지는 본래 넓건만 속 좁은 사람은 스스로 좁다고 하며,
바람과 꽃과 눈과 달은 본래 한가롭건만
악착스러운 사람은 스스로 번거롭다고 한다.

歲月本長, 而忙者自促.
天地本寬, 而鄙者自隘.
風花雪月本閒, 而勞攘者自冗.

茶根譚

정취를 얻음은 많음에 있지 않으니,
좁은 연못이나 작은 돌 사이에도 안개와 노을이 깃든다.
멋진 풍경은 멀리 있는 것이 아니니,
오막살이 초가에도 시원한 바람과 밝은 달이 저절로 한가롭다.

得趣不在多. 盆池拳石間, 烟霞具足.
會景不在遠. 蓬窓竹屋下, 風月自賒.

새 울음과 벌레 소리는 모두 마음을 전하는 비결이요,
꽃잎과 풀빛 또한 진리를 표현하는 좋은 글이다.
배우는 사람은 본마음을 맑고 깨끗하게 하고
가슴속을 영롱하게 하면,
보고 듣는 것마다 모두 깨달음이 있으리라.

鳥語蟲聲, 總是全心之訣.
花英草色, 無非見道之文.
學者要天機清澈·胸次玲瓏, 觸物皆有會心處.

茶
根
譚

손님과 벗이 구름같이 모여들어 마음껏 술 마시고
질탕하게 노는 일은 즐겁지만,
이윽고 시간이 다해 촛불이 가물거리고
향불도 꺼지고 차도 식고 나면,
저도 모르게 도리어 흐느낌을 자아내어
사람을 한없이 쓸쓸하게 한다.
세상 모든 일이 이와 같은데,
사람들은 어찌하여 일찍 머리를 돌려 반성하지 않는가.

賓朋雲集, 劇飮淋漓樂矣, 俄而漏盡燭殘, 香銷茗冷,
不覺反成嘔咽, 令人索然無味.
天下事率類此, 人奈何不早回頭也?

菜
根
譚

———

산하의 큰 덩어리도 이미 작은 티끌에 속하는데
하물며 티끌 속의 티끌은 어떠하겠는가.
피와 살로 이루어진 몸뚱이도 또한 물거품과 그림자로 돌아가는데
하물며 그림자 밖의 그림자는 어떠하겠는가.
최고의 지혜가 아니면 밝게 깨닫는 마음도 없을 것이다.

山河大地, 已屬微塵, 而況塵中之塵?
血肉身軀, 且歸泡影, 而況影外之影?
非上上智, 無了了心.

菜根譚

돌이 맞부딪쳐 일어나는 불꽃 속에서
길고 짧음을 다투어 본들 그 세월이 얼마나 될 것이며,
달팽이 뿔 위에서
자웅을 겨루어 본들 그 세계가 얼마나 크겠는가.

石火光中, 爭長競短, 幾何光陰?
蝸牛角上, 較雌論雄, 許大世界?

菜
根
譚

———

냉정한 마음으로 열광했던 것을 생각해본 뒤에야
정열에 끌려 다닌 것이 무익함을 알게 되고,
번잡함에서 한가함으로 들어가 본 뒤에야
한가한 재미가 가장 유장한 것임을 깨닫게 된다.

從冷視熱, 然後知熱處之奔馳無益.
從冗入閒, 然後覺閒中之滋味最長.

菜
根
譚

―――

길고 짧은 것은 한 생각으로 말미암고,
넓고 좁은 것은 한 치 마음에 달려 있다.
그러므로 마음이 한가로운 사람은 하루가 천 년보다 길고,
뜻이 넓은 사람은 좁은 방이 천지같이 넓으리라.

延促由於一念, 寬窄係之寸心.
故機閒者, 一日遙於千古, 意廣者, 斗室寬若兩間.

菜根譚

눈앞에 다가오는 모든 일은 만족할 줄 알면 신선의 경지이고,
만족할 줄 모르면 범속의 경지이다.
세상에 나타나는 인연은 잘 쓰면 살리는 작용을 하지만,
잘못 쓰면 죽이는 작용을 한다.

都來眼前事, 知足者仙境, 不知足者凡境.
總出世上因, 善用者生機, 不善用者殺機.

菜根譚

――

권세에 붙좇아 사는 재앙은 매우 참혹하고 또 몹시 빠르지만,
고요한 데 살며 편안함을 지키는 맛은
가장 담백하고 또 가장 오래 간다.

趨炎附勢之禍, 甚慘亦甚速.
棲恬守逸之味, 最淡亦最長.

菜
根
譚

―

소나무 우거진 시냇가를 지팡이 짚고 홀로 가노라면,
서는 곳마다 구름이 해진 누비옷에서 일어나고,
대나무 창 아래에 책을 베고 누웠다가 깨어 보면,
달빛이 낡은 담요를 비춘다.

松澗邊, 携杖獨行, 立處, 雲生破衲.
竹窓下, 枕書高臥, 覺時, 月侵寒氈.

菜
根
譚

색욕이 불길처럼 타오르다가도
한번 병든 때를 생각하면 흥이 문득 싸늘한 재와 같아지고,
명리가 꿀처럼 달콤하다가도
한번 생각이 죽음에 이르면
맛이 문득 밀랍을 씹는 것과 같아지리라.
사람이 언제나 죽음을 근심하고 병을 염려한다면,
헛된 일을 없애고 진심眞心을 기를 수 있을 것이다.

色慾火熾, 而一念及病時, 便興似寒灰.
名利飴甘, 而一想到死地, 便味如嚼蠟.
故人常憂死慮病, 亦可消幻業而長道心.

菜
根
譚

―

앞을 다투는 길은 좁으니
한 걸음 뒤로 물러나면 저절로 한 걸음 넓어지고,
짙고 고운 재미는 짧으니
일분一分을 맑고 엷게 하면 저절로 일분이 유장해질 것이다.

爭先的徑路窄, 退後一步, 自寬平一步.
濃艷的滋味短, 淸淡一分, 自悠長一分.

바쁠 때 자신의 본성을 어지럽히지 않으려면,
모름지기 한가한 때 마음을 맑게 길러야 하고,
죽을 때 마음이 흔들리지 않으려면,
모름지기 살아 있을 때 사물의 본질을 간파해야 한다.

忙處不亂性, 須閒處心神養得淸.
死時不動心, 須生時事物看得破.

숨어 사는 숲속에는 영화도 욕됨도 없고,
진리의 길에는 인정의 변덕이 없다.

隱逸林中, 無榮辱.
道義路上, 無炎凉.

菜
根
譚

더위를 없앨 수는 없지만 더위를 괴로워하는 마음을 없애면,
몸은 언제나 서늘한 누대 위에 있게 되고,
가난을 쫓아버릴 수는 없지만 가난을 걱정하는 마음을 쫓아버리면,
마음은 언제나 안락한 집 가운데에 있게 될 것이다.

熱不必除, 而除此熱惱, 身常在清涼臺上.
窮不可遣, 而遣此窮愁, 心常居安樂窩中.

菜根譚

나아가는 곳에서 문득 물러날 것을 생각하면,
울타리에 걸리는 재앙을 면할 수 있을 것이고,
손을 댈 때 먼저 손을 놓을 것을 도모하면,
호랑이를 올라타는 위험에서 벗어날 수 있을 것이다.

進步處, 便思退步, 庶免觸藩之禍.
著手時, 先圖放手, 纔脫騎虎之危.

탐욕이 많은 사람은 금을 나눠 줘도
옥을 얻지 못함을 한스러워 하고,
공경公卿(고관의 총칭)을 봉해 주어도 제후가 못 됨을 불평하니,
권세 있는 높은 자리에서도 거지 노릇을 스스로 달게 여긴다.
만족할 줄 아는 사람은
된장국 나물 반찬을 흰 쌀밥 고기반찬보다 더 맛있게 생각하고,
삼베 도포를 여우 가죽옷보다 더 따뜻하게 생각하니,
일반 백성이면서도
왕공王公(왕과 공, 즉 신분이 높은 사람)을 부러워하지 않는다.

貪得者分金, 恨不得玉. 封公, 怨不受侯, 權豪自甘乞丐.
知足者黎羹, 旨於膏粱. 布袍, 煖於狐貉, 編民不讓王公.

菜
根
譚

외로운 구름이 산골짜기에서 피어오르니,
가고 머무름에 조금도 매임이 없고,
밝은 달이 하늘에 걸리니,
고요하고 시끄러움을 모두 상관하지 않네.

孤雲出岫, 去留一無所係.
朗鏡懸空, 靜躁兩不相干.

菜根譚
——

산림山林은 좋은 곳이지만
한번 집착해서 시설을 설치하면 문득 시장판이 되고,
서화는 운치 있는 일이지만
한번 탐내 빠져들면 문득 장사꾼이 되고 만다.
대개 마음이 물들거나 집착하지 않으면 속세도 선계仙界이고,
마음이 매이거나 집착하면 극락도 고해苦海가 된다.

山林是勝地. 一營戀, 便成市朝.
書畫是雅事. 一貪癡, 便成商賈.
蓋心無染著, 欲界是仙都. 心有係戀, 樂境成苦海矣.

菜
根
譚

시끄럽고 번잡한 때를 당하면
평소에 기억하던 것도 멍하니 다 잊어버리고,
깨끗하고 편안한 처지에 있으면
지난날 잊었던 것도 또렷이 앞에 나타난다.
이로써 알 수 있나니,
고요함과 시끄러움이 조금만 엇갈려도
마음의 어둡고 밝음이 뚜렷이 달라짐을.

時當喧雜, 則平日所記憶者皆漫然忘去.
境在淸寧, 則夙昔所遺忘者又恍爾現前.
可見靜躁稍分, 昏明頓異也.

菜根譚

속세를 벗어나는 길은 세상을 살아가는 가운데 있으니,
반드시 사람들과 절교하여 세상을 도피해야 할 필요는 없고,
마음을 깨닫는 공부는 마음을 다하는 속에 있으니,
반드시 물욕을 끊어서 마음을 식은 재처럼 할 필요는 없다.

出世之道, 卽在涉世中. 不必絶人以逃世.
了心之功, 卽在盡心內. 不必絶欲以灰心.

菜根譚

이 몸을 언제나 한가한 곳에 놓아두면,

영욕榮辱과 득실得失 그 어느 것이 나를 그릇되게 할 수 있으랴.

이 마음을 언제나 고요한 가운데 편히 있게 하면,

시비是非와 이해利害 그 어느 것이 나를 속일 수 있으랴.

此身常放在閒處, 榮辱得失, 誰能差遣我?

此心常安在靜中, 是非利害, 誰能瞞昧我?

8편

마음이 흔들리면
활그림자도 뱀으로 보인다

菜根譚

菜根譚

산림과 천석泉石(산과 물, 산수의 경치를 이름) 사이를 이리저리 거니노
라면
속된 마음은 어느덧 사라지고,
시서詩書와 그림 속에 한가히 노니노라면
속된 기운이 슬며시 없어진다.
군자는 진기한 것을 완상玩賞하느라 본심을 잃지 않지만,
또한 항상 우아한 경지를 빌려 마음을 고르게 한다.

徜徉於山林泉石之間, 而塵心漸息.
夷猶於詩書圖畵之內, 而俗氣潛消.
故君子雖不玩物喪志, 亦常借境調心.

菜根譚

봄날은 기상이 번화하여 사람의 마음과 정신을 화창하게 한다.
하지만 구름 하얗고 바람 맑으며,
난초는 꽃답고 계수나무 향기로우며,
물과 하늘이 한빛으로 푸르며, 천지에 달이 환히 밝아서
사람의 정신뿐 아니라 뼛속까지 맑게 해주는 가을날만 하랴.

春日氣象繁華, 令人心神駘蕩,
不若秋日雲白風淸, 蘭芳桂馥, 水天一色, 上下空明, 使人神骨俱淸也..

菜根譚

마음이 흔들리면,
활 그림자도 뱀으로 보이고,
누운 바위도 엎드린 호랑이로 보이니,
이 속에는 모두 살기뿐이다.
생각이 가라앉으면,
호랑이처럼 무서운 사람도 순하게 만들 수 있고,
개구리 소리도 음악으로 들리니,
보고 듣는 것이 모두 참된 기틀이 된다.

機動的, 弓影疑爲蛇蝎, 寢石視爲伏虎, 此中渾是殺氣.
念息的, 石虎可作海鷗, 蛙聲可當鼓吹, 觸處俱見眞機.

사람의 정이란

꾀꼬리 소리를 들으면 기뻐하고,

개구리 울음을 들으면 싫어하며,

꽃을 보면 가꾸려 하고,

풀을 보면 뽑으려 하니,

이것은 다만 형체와 기질로써 사물을 보기 때문이다.

만약 천성의 본바탕으로 본다면,

무엇인들 스스로 조화의 울림이 아니며,

스스로 살려는 뜻을 펴는 것이 아니겠는가.

人情, 聽鶯啼則喜, 聞蛙鳴則厭, 見花則思培之, 遇草則欲去之.
但是以形氣用事.
若以性天視之, 何者非自鳴其天機, 非自暢其生意也?

菜根譚

마음에 욕심이 있는 사람은
차가운 연못에서도 물결이 끓어오르니,
산 속에서도 고요함을 보지 못하고,
마음이 텅 빈 사람은
혹심한 더위 속에서도 서늘함이 일어나니,
시장에 있어도 시끄러움을 알지 못한다.

欲其中者, 波沸寒潭, 山林不見其寂.
虛其中者, 涼生酷暑, 朝市不知其喧.

많이 가진 사람은 많이 잃는다.

그러므로 부유한 것이 가난하면서도 걱정 없는 것만

못함을 알 수 있다.

높은 곳을 걷는 사람은 빨리 넘어진다.

그러므로 고귀한 것이 천하면서도 언제나 편안한 것만

못함을 알 수 있다.

多藏者厚亡, 故知富不如貧之無慮.
高步者疾顚, 故知貴不如賤之常安.

菜根譚

꽃이 화분 속에 있으면 마침내 생기를 잃고,
새가 조롱 속에 갇히면 문득 자연스런 멋이 줄어드니,
산 속의 꽃과 새가 한데 어울려 아름다운 무늬를 짜내고,
마음껏 날아올라 스스로 한가롭게 즐거워함만 못하다.

花居盆內, 終乏生機. 鳥入籠中, 便滅天趣.
不若山間花鳥, 錯集成文, 翺翔自若, 自是悠然會心.

菜根譚

늙어서 젊음을 바라보면,
바삐 달리고 서로 다투는 마음을 없앨 수 있을 것이고,
영락해서 영화롭던 때를 생각하면,
분잡하고 화려한 생각을 끊어 버릴 수 있을 것이다.

自老視少, 可以消奔馳角逐之心.
自瘁視榮, 可以絶紛華靡麗之念.

菜
根
譚

———

바쁘고 시끄러운 가운데서도 하나의 냉정한 눈을 지닌다면,
문득 많은 괴로운 심사를 줄일 수 있을 것이다.
어렵고 쓸쓸한 처지에서도 하나의 뜨거운 마음을 지닌다면,
문득 많은 참다운 취미를 얻게 될 것이다.

熱鬧中, 著一冷眼, 便省許多苦心事.
冷落處, 存一熱心, 便得許多眞趣味.

菜
根
譚

이루어진 것은 반드시 무너지게 됨을 알면,
이루려고 하는 마음이 지나치게 굳지는 않을 것이고,
살아 있는 것은 반드시 죽는다는 사실을 알면,
삶을 보전하려는 길에서 지나치게 애쓰지는 않게 될 것이다.

知成之必敗, 則求成之心, 不必太堅.
知生之必死, 則保生之道, 不必過勞.

榮
根
譚

옛 고승은 "대나무 그림자가 섬돌을 쓸어도 먼지가 일지 않고,
달빛이 연못을 뚫어도 물에는 흔적이 없다."고 했고,
옛 선비는 "흐르는 물이 아무리 빨라도 그 수면은 늘 고요하고,
꽃은 자주 지지만 마음은 스스로 한가롭다."고 하였으니,
사람이 언제나 이러한 뜻을 가지고 사물을 접하면
몸과 마음이 어찌 자유롭지 않으리오.

古德云, "竹影掃階塵不動, 月輪穿沼水無痕."
吾儒云, "水流任急境常靜, 花落雖頻意自閒."
人常持此意, 以應事接物, 身心何等自在?

菜
根
譚

고기는 물을 얻어 헤엄치면서도 물을 잊고,
새는 바람을 타고 날면서도 바람이 있음을 알지 못한다.
이것을 안다면 외부 사물의 속박에서 벗어날 수 있을 것이고,
자연의 오묘함을 즐길 수 있을 것이다.

魚得水逝, 而相忘乎水.
鳥乘風飛, 而不知有風.
識此, 可以超物累, 可以樂天機.

榮
根
譚

—

영욕에 놀라지 않으며,

한가로이 뜰 앞에 꽃 피고 지는 것을 바라보노라.

가고 머무름에 뜻이 없으니,

무심히 하늘 밖에 구름이 모이고 흩어지는 것을 바라보노라.

하늘 맑고 달 밝은데 어느 하늘엔들 날아오르지 못하겠는가마는

부나비는 홀로 밤 촛불에 뛰어들고,

맑은 샘 푸른 풀이 있으니 무엇인들 먹지 못하겠는가마는

올빼미는 오로지 썩은 쥐 고기만을 탐내는구나.

아, 이 세상에 부나비나 올빼미 같지 않은 사람이 몇이나 되리오.

寵辱不驚, 閒看庭前花開花落. 去留無意, 漫隨天外雲卷雲舒.

晴空朗月, 何天不可翶翔而飛蛾獨投夜燭?

淸泉綠卉, 何物不可飮啄而鴟鴞偏嗜腐鼠?

噫! 世之不爲飛蛾鴟鴞者幾何人哉?

菜根譚

권세 있는 사람이 서로 겨루고 영웅호걸이 서로 으르렁거림도
냉정한 눈으로 보면,
개미가 비린 것에 모여들고 파리가 다투어 피를 빠는 것과
다름이 없다.
시비가 벌떼처럼 일어나고 득실이 고슴도치 털처럼 곤두섬도
냉정한 마음으로 맞이하면,
풀무가 쇠를 녹이고 끓는 물이 눈을 녹이는 것과 같을 것이다.

權貴龍驤, 英雄虎戰, 以冷眼視之, 如蟻聚羶, 如蠅競血.
是非蜂起, 得失蝟興, 以冷情當之, 如冶化金, 如湯消雪.

菜
根
譚

———

오래 엎드려 비상을 준비한 새는 반드시 높이 날고,
먼저 핀 꽃은 홀로 일찍 진다.
이것을 안다면 발을 헛디딜 근심을 면할 수 있을 것이고,
조급한 마음을 없앨 수 있을 것이다.

伏久者, 飛必高.
開先者, 謝獨早.
知此, 可以免蹭蹬之憂, 可以消躁急之念.

菜
根
譚

───

나무는 뿌리로 돌아가기에 이른 뒤에야
꽃과 가지와 잎이 헛된 영화임을 알게 되고,
사람은 관 뚜껑을 덮을 때가 된 뒤에야
자손과 재물이 쓸데없음을 알게 된다.

樹木至歸根, 而後知華萼枝葉之徒榮.
人事至蓋棺, 而後知子女玉帛之無益.

菜根譚

의로운 선비는 제후의 나라를 사양하고,
탐욕스런 사람은 한 푼의 돈으로도 다툰다.
인품이야 하늘과 땅만큼 차이가 있지만,
명예를 좋아하는 것도 이익을 좋아하는 것과 다를 바 없다.
임금은 나라를 다스릴 걱정을 하고,
거지는 음식을 얻으려고 부르짖는다.
신분이야 하늘과 땅만큼 차이가 있지만,
마음을 애태우는 것이 목소리를 애태우는 것과
다를 게 무엇인가.

烈士讓千乘, 貪夫爭一文.
人品星淵也, 而好名不殊好利.
天子營家國, 乞人號饔飧.
位分霄壤也, 而焦思何異焦聲?

菜根譚

천성이 맑으면,

배고플 때 밥 먹고 목마를 때 물 마시면서도

몸과 마음을 편하게 유지할 수 있다.

그러나 마음이 물욕에 잠겨 어지러우면,

비록 선禪을 이야기하고 계송偈頌(부처의 공덕을 찬미하는 노래)을

풀이하더라도 모두 정신을 희롱할 뿐이다.

性天澄徹, 卽饑喰渴飮, 無非康濟身心.

心地沈迷, 縱談禪演偈, 總是播弄精魂.

菜
根
譚

―

사람의 마음에 하나의 진실한 경지가 있으니,
거문고와 피리가 아니더라도 스스로 편안하고 즐거우며,
향과 차가 아니더라도 스스로 맑고 향기롭다.
모름지기 생각을 깨끗하게 하고 듣고 보는 것에 얽매이지 않으며,
사려도 잊고 몸도 잊어버려야 그 가운데에서 노닐 수 있으리라.

人心有個眞境, 非絲非竹而自恬愉, 不烟不茗而自淸芬.
須念淨境空, 慮忘形釋, 纔得以游衍其中.

菜
根
譚

―

천지 속의 만물과 인륜 속의 온갖 정과 세상 속의 모든 일은
속된 눈으로 보면 분분하여 각각 다르지만,
깨달은 눈으로 보면 모두가 한결같다.
어찌 번거롭게 분별하며,
어찌 골라 가지며 버릴 것인가.

天地中萬物, 人倫中萬情, 世界中萬事,
以俗眼觀, 紛紛各異.
以道眼觀, 種種是常.
何煩分別? 何用取捨?

菜
根
譚

—

정신이 왕성하면,
삼베 이불을 덮고 좁은 방에서 자도
천지의 온화한 기운을 얻을 것이고,
입맛이 넉넉하면,
된장국에 보리밥을 먹고도
인생의 담백한 참맛을 알 것이다.

神酣, 布被窩中, 得天地冲和之氣.
味足, 藜羹飯後, 識人生澹泊之眞.

菜
根
譚

속박과 해탈은 자신의 마음에 달려 있으니,

마음으로 깨달으면 푸줏간과 술집도 그대로 극락이 될 것이다.

그렇지 않으면 거문고와 학을 벗 삼고

꽃과 풀을 심어 기호가 맑을지라도

마침내 마장魔障(방해)에서 벗어나지 못하리라.

옛말에 "능히 그만둘 수 있으면 속세도 극락이 될 것이요,

깨닫지 못하면 절간도 속세가 되리라." 하였으니,

참으로 맞는 말이다.

纏脫只在自心. 心了則屠肆糟店, 居然淨土.

不然, 縱一琴一鶴, 一花一卉, 嗜好雖淸, 魔障終在.

語云, "能休, 塵境爲眞境. 未了, 僧家是俗家." 信夫!

茶
根
譚

만상이 적적한 가운데 홀연히 한 마리 새소리를 들으면,
문득 온갖 그윽한 멋을 불러일으키고,
모든 초목이 시들어 잎이 떨어진 뒤에
홀연히 한 줄기 빼어난 꽃을 보면,
문득 무한한 생기가 움직인다.
볼 수 있으리라.
마음은 언제나 메말라 있지 않아서
정신이 사물에 부딪쳐 가장 잘 나타남을.

萬籟寂寥中, 忽聞一鳥弄聲, 便喚起許多幽趣.
萬卉摧剝後, 忽見一枝擢秀, 便觸動無限生機.
可見性天未常枯槁, 機神最宜觸發.

菜根譚
一

백낙천白樂天(중국 당나라 때의 시인)은 "몸과 마음을 다 놓아 버린 다
음 눈감고 저절로 되는 대로 맡기는 게 제일 낫다." 하였고,
조보지晁補之(중국 북송 때의 시인)는 "몸과 마음을 모두 거두어서
움직이지 않고 정적으로 돌아가는 것이 제일이다." 하였다.
다 놓아 버리면 흘러 넘쳐서 미치광이가 될 것이고,
모두 거두면 메마르고 적막하게 될 것이다.
오직 몸과 마음을 잘 가누자면,
그 자루를 손에 쥐고 거두고 놓음을 마음대로 해야 할 것이다.

白氏云, "不如放身心, 冥然任天造",
晁氏云, "不如收身心, 凝然歸寂定".
放者, 流爲猖狂. 收者, 入於枯寂.
唯善操身心的, 欛柄在手, 收放自如.

菜
根
譚

―

눈 내린 밤에 달 밝은 하늘을 대하면 마음이 문득 맑아지고,
봄바람 온화한 기운을 만나면 뜻이 또한 저절로 부드러워지니,
자연의 조화와 사람의 마음이 한데 어울려 틈이 없도다.

當雪夜月天, 心境便爾澄徹.
遇春風和氣, 意界亦自冲融.
造化人心, 混合無間.

菜
根
譚

———

자신이 사물을 부리는 사람은

무엇을 얻어도 기뻐하지 않고 무엇을 잃어도 또한 근심하지 않으니,

대지大地가 모두 그의 노니는 곳이다.

사물로 자신을 부리는 사람은

역경逆境에 처해서는 그것이 싫어서 괴롭고,

순경順境에 처해서는 그것에 집착하느라 역시 괴로우니,

털끝만한 일에도 문득 얽매인다.

以我轉物者, 得固不喜, 失亦不憂, 大地盡屬逍遙.
以物役我者, 逆固生憎, 順亦生愛, 一毛便生纏縛.

菜
根
譚

———

병이 든 뒤에야 건강이 보배인 줄 알고,
난세에 처한 뒤에야 태평시절이 복인 줄 아는 것은
일찍 아는 것이 아니다.
복을 바라는 것이 재앙의 근본임을 알고,
살기를 탐하는 것이 죽음의 원인임을 미리 아는 것은
뛰어난 식견이리라.

遇病而後思強之爲寶, 處亂而後思平之爲福, 非蚤智也.
倖福而先知其爲禍之本, 貪生而先知其爲死之因, 其卓見乎!

菜
根
譚
―

배우가 분 바르고 연지 찍어 붓끝으로
아름다움과 추함을 그려내지만,
이윽고 노래가 끝나고 막이 내리고 나면
그 아름다움과 추함이 어디에 있는가,
바둑 두는 사람은 앞과 뒤를 다투어 바둑돌로 승패를 비교하지만,
이윽고 판이 끝나고 돌을 거두면 그 승패는 어디에 있는가.

優人傳粉調咮, 效姸醜於豪端, 俄而歌殘場罷, 姸醜何存?
奕者爭先競後, 較雌雄於著子, 俄而局盡子收, 雌雄安在?

바람과 꽃의 산뜻함, 눈과 달의 밝고 깨끗함은
오직 고요한 사람만이 누릴 수 있고,
물가 나무의 무성함과 메마름, 바위 사이 대나무의 자람과 사라짐은
오직 한가한 사람만이 즐길 수 있다.

風花之瀟洒, 雪月之空淸, 唯靜者爲之主.
水木之榮枯, 竹石之消長, 獨閒者操其權.

菜根譚

시골 사람들은
닭고기 안주에 막걸리를 이야기하면 기뻐하지만,
고급 요리를 물으면 알지 못하고,
무명 두루마기와 베 잠방이를 이야기하면 즐거워하지만,
비단옷을 물으면 모른다.
그 천성이 온전하기 때문에 욕심이 없는 것이니,
이야말로 인생의 첫째 가는 경지이다.

田夫野叟, 語以黃鷄白酒, 則欣然喜.
問以鼎食, 則不知. 語以縕袍短褐, 則油然樂. 問以袞服, 則不識.
其天全, 故其欲淡.
此是人生第一個境界.

9편

인생의 화와 복은
마음에서 만들어진다

菜根譚

피리불고 노래하며 흥이 한창 무르익었을 때
문득 옷자락을 떨치고 자리를 떠나는 것은
달관한 사람이 벼랑에서 손을 놓고 거니는 것과 같아서
부러운 일이지만,
밤이 이미 깊었는데 오히려 쉬지 않고 쏘다니는 것은
세상 사람들이 고해에 몸을 담그는 것과 같아서 우스운 일이다.

笙歌正濃處, 便自拂衣長往, 羨達人撒手懸崖.
更漏已殘時, 猶然夜行不休, 笑俗士沈身苦海.

菜
根
譚

산속에 살면 가슴속이 맑고 시원하니 접하는 사물마다
모두 아름다운 생각이 든다.
외로운 구름과 들의 학을 보면 속세를 초월한 듯하며,
바위틈에 흐르는 샘물을 만나면 속된 것들을 씻어 주는 듯하며,
늙은 전나무와 차가운 매화를 어루만지면
굳센 절개가 꿋꿋이 세워지며,
모래밭 갈매기와 산 사슴을 벗 삼으면
마음의 번거로움을 문득 잊게 된다.
그러나 만약 한번 속세로 들어가면, 비록 외부 사물과 접하지 않을
지라도 이 몸은 역시 쓸데없는 존재가 되고 말 것이다.

山居, 胸次淸洒, 觸物皆有佳思. 見孤雲野鶴, 而起超絶之想, 遇石澗流
泉, 而動澡雪之思, 撫老檜寒梅, 而勁節挺立, 侶沙鷗麋鹿, 而機心頓忘.
若一走入塵寰, 無論物不相關, 卽此身亦屬贅旒矣.

菜根譚

홍이 때를 따라 일어나 아름다운 풀밭 사이를
맨발로 한가로이 거닐면,
들새도 마음 놓고 찾아와 벗이 되고,
경치가 마음에 들어 떨어지는 꽃 아래 옷깃을 헤치고
우두커니 앉으면,
흰 구름도 말없이 다가와 느긋하게 머무네.

興逐時來, 芳草中, 撤履閒行, 野鳥, 忘機時作伴.
景與心會, 落花下, 披襟兀坐, 白雲, 無語漫相留.

菜根譚

인생의 화복禍福은 모두 마음에서 만들어진다.

그러므로 석가는

"욕심이 불길같이 타오르면 이것이 곧 불구덩이이고,

탐욕에 빠지면 그것이 곧 고해로다.

한 생각이 맑고 깨끗하면 세찬 불길이 연못이 되고,

한 생각을 깨달으면 배는 저 언덕에 오른다." 하였다.

이렇듯 생각이 조금만 달라져도 경계가 크게 달라지는 법이니,

어찌 삼가지 않을 수 있으랴.

人生福境禍區, 皆念想造成.

故釋氏云, "利欲熾然, 卽是火坑. 貪愛沈溺, 便爲苦海.

一念淸淨, 熱焰成池. 一念警覺, 船登彼岸."

念頭稍異, 境界頓殊, 可不愼哉?

菜根譚

새끼줄로 톱질을 하여도 나무가 잘리고,
물방울도 오래도록 떨어지면 돌을 뚫으니,
도를 배우는 사람은 모름지기 더욱 힘써 구해야 한다.
물이 모이면 시냇물을 이루고,
참외도 익으면 꼭지가 떨어지니,
도를 얻으려는 사람은 모두 다 하늘에 내맡긴다.

繩鋸木斷, 水滴石穿. 學道者, 須加力索.
水到渠成, 瓜熟蔕落. 得道者, 一任天機.

초목이 시들어 잎이 지면 뿌리에서 새싹이 트고,
계절이 비록 꽁꽁 얼어붙는 추운 겨울이라도
끝내 봄기운은 돌아온다.
만물을 죽이는 가운데도 살리려는 뜻이 늘 주가 되니,
이로써 천지의 마음을 볼 수 있다.

草木雖零落, 便露萌穎於根柢.
時序雖凝寒, 終回陽氣於飛灰.
肅殺之中, 生生之意常爲之主, 卽是可以見天地之心.

菜根譚

—

비 개인 뒤 산 빛을 보면
경치가 문득 산뜻함을 깨닫게 되고,
밤이 고요할 때 종소리를 들으면
그 울림은 한결 맑고도 높다.

雨餘, 觀山色, 景象便覺新姸.
夜靜, 聽鐘聲, 音響尤爲淸越.

菜根譚

높은 곳에 오르면 사람의 마음이 넓어지고,
흐르는 물에 다다르면 사람의 뜻이 유원해진다.
눈비 오는 밤에 책을 읽으면 사람의 정신이 맑아지고,
언덕 위에서 천천히 휘파람을 불면 사람의 흥이 높아진다.

登高, 使人心曠. 臨流, 使人意遠.
讀書於雨雪之夜, 使人神淸.
舒嘯於丘阜之巓, 使人興邁.

菜根譚

마음이 넓으면 수만 석의 녹봉祿俸도
질그릇과 같이 하찮아지고,
마음이 좁으면 한 오라기 머리털도
수레바퀴와 같이 크고 무거워진다.

心曠, 則萬鍾如瓦缶.
心隘, 則一髮似車輪.

菜根譚

—

사람은 너무 한가하면 다른 생각이 슬며시 일어나고,
너무 바쁘면 참다운 본성이 나타나지 않는다.
그러므로 군자는 몸과 마음에 근심을 지니지 않을 수 없고,
풍월의 취미 또한 즐기지 않을 수 없다.

人生太閒, 則別念竊生 太忙, 則眞性不現.
故士君子不可不抱身心之憂, 亦不可不耽風月之趣.

茶
根
譚

자식이 태어날 때 어머니가 위험하고,
돈이 쌓이면 도둑이 엿보니,
어느 기쁨인들 슬픔이 아니랴.
가난하면 돈을 아껴 쓰고, 병이 들면 몸을 돌보니,
어느 슬픔인들 기쁨이 아니랴.
달관한 사람은 당연히 순경順境과 역경逆境을 하나로 보며,
기쁨과 슬픔을 둘 다 잊어버린다.

子生而母危, 鏹積而盜窺, 何喜非憂也?
貧可以節用, 病可以保身, 何憂非喜也?
故達人當順逆一視, 而欣戚兩忘.

菜根譚

세상 사람들은 영화와 명리에 얽매여
걸핏하면 티끌세상이니, 고생바다니 하고 말한다.
그들은 구름 하얗고 산은 푸르며,
냇물 흐르고 바위 우뚝하며,
꽃 피고 새가 지저귀며,
골짜기가 화답하고 나무꾼이 노래하는 것을 모르니,
티끌세상도 아니고 고생바다도 아니다.
다만 저들이 스스로 그 마음을
티끌세상과 고생바다로 만들 따름이다.

世人爲榮利纏縛, 動曰'塵世苦海',
不知雲白山靑, 川行石立, 花迎鳥笑, 谷答樵謳.
世亦不塵, 海亦不苦. 彼自塵苦其心爾.

꽃은 반쯤 피었을 때 보고 술은 조금 취하도록 마시면,
그 가운데 무한히 아름다운 멋이 있다.
만약 꽃이 활짝 피고 술이 흠뻑 취하게 되면
추악한 지경에 이르게 되니,
가득 찬 상태에 있는 사람은 마땅히 이를 생각할지어다.

花看半開, 酒飲微醉, 此中大有佳趣.
若至爛漫酕醄, 便成惡境矣.
履盈滿者, 宜思之.

菜
根
譚

산림에 숨어사는 선비는 청빈하게 살지만
빼어난 멋이 스스로 넉넉하고,
들에서 일하는 농부는 비천하고 거칠지만
천진함이 다 갖추어져 있다.
만약 한번 몸을 시장의 거간꾼에게 판다면,
이는 도리어 산골에 파묻혀 죽을지라도
끝까지 몸과 마음을 깨끗이 하는 것만 못하리라.

山林之士, 淸苦而逸趣自饒.
農野之夫, 鄙略而天眞渾具.
若一失身市井駔儈, 不若轉死溝壑, 神骨猶淸.

菜根譚

분수에 맞지 않는 복과 까닭 없는 소득은
조물주의 낚싯밥이 아니면 인간 세상의 함정이다.
이런 곳에서 눈을 높은 곳에 두지 않으면,
그 술책에 빠지지 않기가 어려울 것이다.

非分之福, 無故之獲, 非造物之釣餌, 卽人世之機阱.
此處, 著眼不高, 鮮不墮彼術中矣.

菜
根
譚

인생은 원래 한갓 꼭두각시놀음이니,
그 근본을 손에 쥐고 있어야 한다.
한 가닥의 실도 흐트러지지 않아 감고 푸는 것이 자유로워야
가고 멈추는 것이 나에게 있게 되니,
털끝만큼도 남들의 간섭을 받지 않아야
문득 이 인생이라는 연극 무대에서 벗어날 수 있을 것이다.

人生原是一傀儡, 只要根蒂在手.
一線不亂, 卷舒自由, 行止在我, 一毫不受他人提掇, 便超出此場中矣.

菜根譚

한 가지 이로운 일이 일어나면 곧 한 가지 해로운 일이 생긴다.
그러므로 천하는 언제나 일 없는 것으로 복을 삼는다.
옛사람의 시에는 "그대에게 권하노니
제후에 봉해지는 일을 이야기하지 말라.
한 장수가 공을 이룸에는 만 사람의 뼈가 마른다." 하였고,
또 "천하가 항상 태평하면
칼은 갑 속에서 천 년을 썩어도 아깝지 않다." 하였다.
비록 웅대한 마음과 용맹한 기상이 있을지라도
모르는 사이에 얼음과 눈처럼 사라지리라.

一事起, 則一害生. 故天下常以無事爲福.
讀前人詩云, "勸君莫話封侯事, 一將功成萬骨枯."
又云, "天下常令萬事平, 匣中不惜千年死."
雖有雄心猛氣, 不覺化爲氷霰矣.

菜根譚

파도가 하늘까지 치솟을 때
배 안에 있는 사람들은 두려움을 모르지만,
배 밖에 있는 사람들은 가슴이 서늘해지고,
미치광이가 좌중을 꾸짖을 때
그 자리에 있는 사람들은 경계할 줄 모르지만,
자리 밖에 있는 사람들은 혀를 차는 법이다.
그러므로 군자는 몸이 비록 일 가운데에 있을지라도
마음만은 일 밖에 벗어나 있어야 한다.

波浪兼天, 舟中不知懼, 而舟外者寒心.
猖狂罵坐, 席上不知警, 而席外者咋舌.
故君子, 身雖在事中, 心要超事外也.

인생은 일분一分을 덜어서 줄이면 곧 일분을 초월한다.

만약 교유를 줄이면 시끄러움을 면하고,

말을 줄이면 허물이 적어지고,

생각을 줄이면 정신이 소모되지 않고,

총명을 줄이면 본성이 완전하리라.

날로 줄임을 구하지 않고 날로 더함을 찾는 사람은

참으로 자기의 인생을 차꼬와 수갑으로 채우는 격이다.

人生減省一分, 便超脫一分.

如交遊減, 便免紛擾. 言語減, 便寡愆尤.

思慮減, 則精神不耗. 聰明減, 則混沌可完.

彼不求日減而求日增者, 眞桎梏此生哉!

菜根譚

추위와 더위는 피하기 쉬워도
세상의 뜨거움과 차가움은 제거하기 어렵고,
세상의 뜨거움과 차가움은 제거하기 쉬워도
내 마음의 얼음과 숯불은 버리기 어렵구나.
내 마음의 숯불과 얼음을 버릴 수만 있다면,
가슴은 따뜻한 기운이 가득하여
가는 곳마다 저절로 봄바람이 일어나리라.

天運之寒暑易避, 人生之炎涼難除.
人生之炎涼易除, 吾心之氷炭難去.
去得此中之氷炭, 則萬腔皆和氣, 自隨地有春風矣.

고전이란 오랫동안 많은 사람들에게 널리 읽히고 또 그 가치가
높이 평가된 책이다. 우리는 이러한 고전을 젊은 시절에 열심히 읽
어두어야 한다는 말을 흔히 듣게 된다. 그 이유는 다른 데 있지 않
다. 젊은 시절에 고전을 통해 삶의 양식을 충분히 쌓아두어야 인생
을 살아가는 데 크게 보탬이 될 것이기 때문이다. 그와 같은 고전
중 대표적인 것이 바로 『채근담』菜根譚이 아닐까 한다.

　『채근담』은 중국 명나라 말기의 학자 홍자성洪自誠이 지은 것이
다. 홍자성은 호가 환초도인還初道人으로, 자성은 그의 자이고, 응명
應明이 그의 이름이라고 말하는 사람도 있다. 이처럼 홍자성은 그
이름조차 제대로 알 수 없을 정도로 일생에 대한 기록이 거의 남아
있지 않기 때문에, 그가 어떤 경로로 『채근담』을 지었는지 자세하
게 알 수는 없다. 하지만 책의 제목을 '채근담'이라고 한 것을 볼

때, 홍자성은 역경 속에서 많은 어려움을 견디면서 『채근담』을 지었을 것이란 짐작을 해볼 수 있다.

책 제목에서 '채근'이란 나물뿌리라는 뜻이다. 나물뿌리와 같은 보잘것없는 음식을 먹고 사는 가난한 삶 속에서도 인생의 참된 맛을 찾아내고, 또 그 가운데 겪게 되는 온갖 어려움을 잘 견디어낸다면, 어떠한 일이라도 해내지 못할 것이 없다는 뜻이다. 그것을 통해서도 알 수 있듯이, 『채근담』에는 고단한 인생을 슬기롭게 극복하고 밝은 미래를 설계하는 데 좋은 지침이 될 만한 글들이 참 많이 실려 있다.

『채근담』은 전집前集 225장과 후집後集 134장의 총 359장으로 되어 있다. 비록 책을 전집과 후집으로 나누어 놓았지만, 실어놓은 글들을 그것에 맞추어 내용별로 분류해놓지도 않았고, 또 전집과 후집 그 각각의 안에서도 실어놓은 글들을 전후 문맥을 고려해서 치밀하게 배치해놓지도 않았다. 한 장 한 장이 그것대로 독립된 내용을 담고 있는 글들의 모음집이라고 해도 과언이 아닐 만큼 수시로 기록한 글들을 거의 그대로 편집해놓고 있다. 이 때문에 『채근담』에는 서로 중첩되거나 모순된 내용의 글들이 적지 않게 발견된다. 그 점이 현대의 독자들에게는 상당히 낯설고 또 읽기에 장애가 되기도 한다. 하지만 그 점이 도리어 병의 증세에 따라 그에 맞게 처방을 달리하는, 다시 말하면 때에 따라 그에 맞게 가르침을 달리하는 동양 고전의 일반적인 특징이기도 하다.

이 책에서는 우선 그러한 동양 고전의 특징이 잘 드러날 수 있도록 번역하는 데 주력하였다. 원서에 실려 있는 글들을 독자들이 읽

고 참고하기에 편하게 30장 정도씩 한 편으로 묶어서 편집한 것을
제외하고는 내용별로 따로 분류해서 번역하지는 않았다. 그리고
번역도 별도의 해설 없이 독자들에게 그 의미가 쉽게 전달될 수 있
도록 현대의 우리글에 맞게 풀이하도록 노력하였다. 번역문이 이
미 원문에 대한 풀이인 이상, 그 번역문에 대한 또 다른 풀이인 해
설은 전공서가 아닌 일반교양서의 경우, 독자들에게 도움이 되기
보다는 도리어 방해가 되기 쉽다는 판단에서이다. 이 과정에 해설
이 필요할 정도로 의미 전달이 어려운 글 일부를 번역에서 제외하
였다. 아쉬운 점이 없지 않지만 그렇게 하였다.

내가 『채근담』을 처음 읽은 것은 지금으로부터 30년 전인 20대
때였다. 그 때에도 『채근담』을 읽으면서 인생에 대한 여러 가지
좋은 가르침을 얻을 수 있었지만, 그로부터 30년이 지난 지금 다시
읽으면서 그 때와는 또 다른 의미에서 인생에 대한 여러 가지 좋은
가르침을 얻을 수가 있었다. 고전의 진정한 의미를 새삼 절감하게
된다. 아무쪼록 독자들은 이 책을 통해 인생에 대한 좋은 가르침을
많이 얻을 수 있기를 바란다.

스무살의 채근담

초판 1쇄 발행 2009년 7월 10일

지은이 | 홍자성
옮긴이 | 정석태
펴낸이 | 정명진
본문 편집 | 희수 Com

펴낸곳 | 도서출판 부글북스
등록번호 | 제300-2005-150호
등록일자 | 2005년 9월 2일
주소 | 110-203 서울시 노원구 하계동 279번지, 청구빌라 101동 203호
전화 | 02-948-7289
팩스 | 02-948-7269
E-mail | 00123korea@hanmail.net

ISBN 978-89-92307-37-6-03190